「留学」の力

これでいいのか日本の国際化教育

スカリー悦子

栄光出版社

目次

第四章　教育の国際化とその課題

「留学」の力

―これでいいのか日本の国際化教育―

はじめに

私はおよそ20年以前、アメリカの大学に留学し博士号を取得し、教員生活を終えて２０００年に帰国した。現在は某国立大学の教授として学生の国際化教育に携わっている。

近年、文部科学省が音頭をとって、将来的な日本の大学の国際化と世界レベルの研究水準の遅れを憂え、北は北海道から南は沖縄までの国公立と私立のグローバル大学30の中から、次のスーパーグローバル大学のトップとして重点的に大学を選んでいる。私が勤めている大学もその中の大学として採択されている。今、日本の全体の教育機関が国際化へと方向転換している。教育のグローバル化は確実にやってくる。その過程にかじを取った原因の一つは、英紙ＴＨＥ（タイムズ・ハイヤー・エデュケーション）が公表した世界ランキングだ。世界大学１００位内に入った日本の大学は東京大学と京都大学のみで、ベスト10位はすべてが米英大学であった。個人的には遅いと感じているが、近未来に、日本の大学が国際的な競争に勝てるか否かが問われる、大学改革へ向けてスタートを切ったのである。

私はその日本の大学の国際化の教育政策に疑問を持っている。文部科学省が示している国際化教育政策を、各大学がそれぞれに実践をしているのだが、決して未来の日本にとって有意義だとは言えない面もある。例えば、外国人留学生と教員を海外から呼び寄せ、日本の大学は場所を提供しているだけのイメージがあり、英語を話すことがすべてではないのだ。さらに、日本人学生に教育プログラムが還元される事が少ない。そのような問題をも含めて、国際化教育を考えてみたい。

私が留学をしようと思った時、アメリカの大学を卒業することや学位を取得することは全く期待していなかったが、幸運にもアメリカの教授の方々に支えられ、研究の機会を与えられ、学士、修士、そして博士号を取得することができた。アメリカ留学生活は生まれてはじめてで、お金のない生活を経験した。毎日学校へ着て行く服も日本から持ってきた物を長く使い、安く買えるTシャツとスニーカーも買えず、やっと3年間経ってから新しい衣類を買い、食費を優先にした。もちろん外食はしないし、車も持てず、それでも自分の身を守りながら、いつも交通手段は公共バスと徒歩で通した。

家族から経済的援助はほとんどなかったが、こうして長期留学生活の貧乏経験は、今となっては心の財産となった。さらにアメリカはあまり人に頼れない社会で、出来るだけ問題を自分で解決することが求められたので、生きぬく力も強くなった。

過去に自分が受けた教育を若い世代に伝えていくことが、教育者の役目だとアメリカ人の恩師から教わり、自分が日本で出来ることを実践したいと思った。

帰国して月日が経つうち、日本の社会の中で周りの人々と関わりながら感じたことは、重要な問題に対して真正面から取り組んでも、時間をかけ過ぎたり、責任を問われないような生ぬるい籠の中でお互いに傷の舐め合いをしている社会であることだった。このような社会で高等教育はグローバル競争に勝てるのか、また教育がどうグローバル化に関わっていくのがよいのかが不安になり、心の余裕がなくなった。さらに〝日本組織の中で何かを改善できるなどと期待するな！〟と思わされる事に何度も出会い日本の大学教育とアメリカとの間には大きな落差があるのを知ることになった。

２０００年から日本は更なる教育の国際化に力を入れた。例えば、全国の大学は海外からの留学生を増加させる政策を立ち上げた。その結果、海外から日本政府の奨学金を受ける学生が増え、海外からの留学生はとても丁重に扱われた。日本から海外へ留学する学生は、経済的な理由で世界へ出る事を躊躇するようになり、２０００年前より減少した。おそらく、多くの学生は夢より安定を求め日本での生活に満足しているようだ。しかし、何かを学ぶ目的とは別に、英語圏にあこがれる学生は多く、現在、日本政府は学生の単位を海外でとれる方法や、経済援助など留学に必要な条件をお膳立てする政策を立ち上げている。本当に今は誰もが留学をしたければ出来る時代なのに、ここまで援助する必要はないと思うのだが。

大学生ではなく、一般の若者が海外で成功しているケースも多い。大学生のように短期留学で帰国しても、西洋に感化されて日本を軽視する言動が多い。ある学部生は大学生活を海外で経験したせいか、帰国後自分の進路に悩んでいる。奨学金を使って海外へ学生を送るのならば、最も適した年齢や国益を深く考慮して政策を実践するべきである。日本でも頭脳流出が社会問題となっているが、日本の学生をわれわれはもっと大事にしなければならない。海外から来日する学生よりも、日本の大学院生に力を入れなければ日本の将来は暗くなる。院生が減少している現実をまず解決してから、海外からの学生を受け入れることが大事である。もちろん優秀な学生も海外から来ているのも事実である。

まず、日本政府は、海外からの学生を受け入れて大学院を維持する悪循環を裁ち切る必要がある。教育の国際化を各大学に任せず、政府が理念に基づいて現況の見直しの実践をしなければ、日本はどんどん世界から遅れをとってしまう。日本を誇りに思える教育の質を高めてもらいたい。

そんな中で私は研究課題として、教育現場を見ようと、島根県内の中学校、高校を選び、英語クラス参観をする事ができた。さらに幾つもの大学の英語クラス参観もさせてもらった。日本を取り巻く教育問題は多いが、その中でよりよい教育をしようと、本当に努力している学校もあったが、全般的に熱い講義で学生を奮い立たせることに欠乏しているように見えた。

今の大学業務は、研究が教育より大きな比重を占めているとよく言われるが、確かに現状は教育より研究が大きなウエイトを占めている事もわかった。

帰国当初から教育現場の問題が見えてはいたが、次第に変わりばえのしない入試対策中心の教育現場に失望し、自分がリバースカルチャーショックになり始めた。

留学経験者として一般的に日本の国際化教育を見ると、大学教育以前に、日本人としての国家観、伝統や歴史の知識が基本的に欠如している事にも失望した。これでは若者が留学しても、現地でアイデンティティーに悩むことが多いと思われる。大学入学までただ暗記をしてテストに勝つ方法で育ったエリート学生を社会に送り出し、実際に学生は社会に出て初めて自分で生きる経験の壁にぶつかる。生きることや国の将来を考える力を持たせる真の教育を本気で実践しなければ世界では絶対に勝てない。教育機関が一致して、真の国際化教育にギアを変える必要がある。日本の外交にも教育方針が影響することも意識しなければならない。現在の日本の国際化教育には、まだまだ多くの問題がある事を特に研究者は認識し学生指導をしなければならない。彼等が日本を担っていくのだから。

第一章　留 学 へ

私は日本から若者が留学することが一番の国際化教育だと思っている。

ここから自分の留学経験をまず詳しく紹介したい。留学経験は日本の将来を考えさせ、若者に大きな自信をもたせることになるのだ。

留学がわが国を外から見る機会となり、いかに自分の国がすばらしい国かを認識でき、いかに個々の海外生活が、将来的にわが国に力をもたらすか期待できる。

まず、留学の動機、留学生活、大学生活、学外行動などを紹介したい。いろいろな人がさまざまな経験をしているが、コネひとつすらない日本女性の、学部から博士習得までの生活体験を参考にしてもらえればありがたい。

(一)　留学動機

一　小さな海岸で

海外に興味をもつきっかけがあった。地方の町では家族名で誰かがわかる。そのことで仕事には困らないだろうとある女性から名指しで言われた。この事がふるさとから離れるもともとのきっかけになった。

さらに、山陰の小さな町で別の世界に触れる経験をした。小さな町には二つ教会があり宣教師の家族が住んでいた。どこから来たのか、またどんな生活をしているのか、言葉の通じない別世界の人たちであったが、宗教活動によって地元の人々と関わっていた。その人たちの身なりや生活は、町の人々の貧しさとは比較にならないほど豊かそうに見えた。彼らの家はとても小さいけれど、洋風で壁やフェンスは白いペンキで塗られ芝生の庭があった。彼らの顔や肌、目の色もわれわれとは違っていた。子供心に別世界の人がこの町に存在するのだと思った。そして、彼らが話す言葉は我々に通じず不思議に思った。

二つ目の外国人の出会いがあった。小学生の低学年の頃から、山口県岩国海兵隊基地から米国軍人達が山陰の浜辺に海水浴に訪れることが多かった。あの頃の砂浜は広く、砂がとても白くきれいだった。砂は小さな粒で滑らかで、晴れた日には砂の色と海の色が対照的に輝き、子供ながらきれいだと思ったものだ。砂浜にはいろいろな植物が生え、周辺の人々はそれらを摘んで食料にしていた。高級料理の食材に使われていた植物もあった。近所の子供のほとんどは貧しく、小遣いを稼ぐために、学校が休みになると砂浜の植物を取ってお金に換えていた。小さなグループで遊びながら働いたものだった。このころ、はじめて働いて、お金が作れることを学んだのだ。

摘んだ植物を買い取る駄菓子店のおばあさんがいた。穏やかなある日の午後の、海辺での出来事だった。おばあさんが黄色い瓜（あじうり）の皮を包丁で上手に剥き、そのまま切ったひとかけらを、一人の米軍兵士にご馳走していた。そのときおばあさんと兵士はお互いに言葉をかわしていたが、言葉は通じておらず、身振り手振りでやり取りをしていた。お互い大きな笑顔を見せて幸せそうな雰囲気だった。

兵士の口から出る言葉は日本語の響きと違い、その言葉の音を聞いたのは宣教師の家族に接して以来2回目の体験だった。青年兵士達の顔は覚えていないが、その目は必死でおばあさんに何かを伝えようとしていた。言葉の音が日本語とは全く違うことを鮮明に覚えている。

二　岩国海兵隊の助け

三つ目の外国人の出会いがあったのはそれから数十年後のことだった。山陰の町は昭和50

年後半に大水害に見舞われ、屋根まで浸水し、屋根の上で助けを待つ人々の写真が新聞の1面に載った。そのとき、いち早く岩国基地から米軍海兵隊の一群がトラック数台で現れた。日本の自衛隊よりも早く到着した彼らは、大きな体の白人や黒人の兵士、そして東洋系の顔をしていた。荒れ果てた町の道、川、学校などの後片付けに来たのだ。多くの兵士達は無言で一所懸命にスコップで泥をすくい上げていた。多くの街の人達は彼らの行動に愕き、同時に岩国海兵隊に感謝したものだった。

最近の東日本大震災で「ともだち作戦」を展開した米国海兵隊の兵士の姿は、私に当時を思い出させた。当時ボランティア活動という言葉はまだなかったが、大勢の兵士達は泥まみれになって町をきれいにしてくれたのだ。なぜよその国の人がここまでして助けてくれるのだろうと不審に思った。町の人が彼らに水を渡した時、彼らが大声で楽しそうに話す言葉が私には異常にきれいな音のように聞こえ、彼らが話す英語の響きが、外国への興味を起こさせた。そして、無償の援助を率直に表現できる人々に感謝の心が沸き、初めて海外に興味をもった事を覚えている。小さな町はお金や人間関係が絡み合う村社会だったので、人を助けるなどという感動を人々から感じたことはなかった。

一方で、日本を離れることは言い表せない故郷のしがらみから逃れることができるとも思った。多くの人たちは故郷のしがらみがあり、多くの人は生活の安定を求め公務員、教師、医者、そして会社経営や事務職員等の仕事を望んだ。そんな地域社会だったので、私が留学を決意し、その後の計画と行動は周囲の人々を驚かせたようだった。留学することを両親に告げた時、餞別もねぎらいの言葉もなかった。むしろ勘当されたような感じを受けたが、父の目に確かに涙を見た。この事が余計に、失敗したら故郷に戻れない、と私に覚悟を促した。

三　留学とは

留学すると否応なしに世界のいろいろな国や社会に関心を持つようになる。日本のよい所も悪いところも見えてくるし、同時に自分自身の弱いところや強いところもわかってくる。また客観的な物の見方や判断力と決断力がつく。留学すると他国との外交も相手国の意図が理解できるようになり、政府の実際外交に意見を持つようになる。多くの面で自分がぶれずに毅然として問題に対応できるようにもなる。私自身いろいろな経験をして強くなれたように思う。

今の社会はグローバル化、国際化、そして、民族多文化共生化が当然のようにわれわれの社会に押し寄せているが、残念ながら、この動きに対応できる日本の国際化教育は遅れており、認識もされていない事が多い現状だ。中学校や高校の国際化教育は表面的で、根本的な見直しがされていない。国際化政策は大学教育だけでは無理がある。アイデンティティー教育や語学教育のカリキュラムは、全くと言ってよいほど改善されていない。語学教育は外国人に頼り、歴史や文化や民族教育などのカリキュラムは、米国と比較すると15年から20年の遅れをとっていると思える。日本の多くの学生は高校では大学入試対策のための教育が主で、大学では卒業前の早い時期から就職活動を強いられている。大学教育は企業が必要とする人材を育てるという目標があるので、学生の学問希望と必ずしもマッチしていない。各大学や文部科学省は留学生を受け入れるためのプログラムを立ち上げている。そして大学も就職活動まで留学生を手厚く支援しており、留学生が日本人学生より優先されている傾向がある。大学の留学生制度はその為のものと思うこともある。

文部科学省は、まず、日本の学生が国際競争に勝てる教育指導を本気でサポートしなければならない。留学もその方法の一つだが、語学力と同時に、海外生活全般の経験は思考力、判断力、行動力が身につき、就職活動にプラスになるのは当然である。それは必ず将来の日本企業や産業に役に立つことになる。

一方、留学すると西洋かぶれになる学生も多く存在する。学部生の年齢で海外へ行くと、日本の文化や歴史、民族まで否定的に見るようになる学生も存在する。また奨学金やいろいろな援助を受けながらの海外経験に彼らは優越感をもつ。ただ行くのではなく、世界の人々がどのように毎日生きているのか、社会を見てくるのが留学の目的であろう。アジアからアメリカ留学をする若者が多く存在する中で、日本の若者はもっと留学をして、日本の将来を開拓しなければ国自体を強くすることができない。

四　留学決心

　１９８０年代のアメリカという国は何とかがんばれば私のようにしがらみもなく、お金がなくとも生きていける国と思っていた。そして、米国に行けば、現地の教育は自由に受けられるものと信じていた。

　１９７０年代のベトナム戦争も終わり、ジョンソン、ニクソン、フォード、ブッシュ、そしてクリントンとリーダーは変わっていった。音楽界ではインテリ的なサイモンとガーファンクルの歌が流れ、若者はヒッピースタイルでロックからフォークソングに代わりつつある時代だった。１９８０年代になり、情報雑誌やラジオ、テレビを通じてアメリカ文化がどんどん日本に押し寄せてきた時代でもあった。日本人の若者の心は、どんどんアメリカに向かっていたし、日本の若者は親の時代とは違う生き方を選んでもよいのだ、というメッセージを誰もが持っていたように思う。しかし、当時は地方ではお金がある家だけがアメリカへの留学ができたが、経済的に余裕のない者が決心するには随分時間がかかった。実際にアメリカの大学に入学するには奨学金がないと不可能であり、当時もフルブライトの奨学金などがあったが、私は自分の力でどうにか留学したいと思っていた。親からは１円ももらえないので留学実行までに4～5年かかった。

　当時日本は、経済成長で米国と貿易摩擦が起こり、それを解消するために日本政府は、外国の若者にお金を賄賂のごとく配る制度を作った。そのお金で外国の若者に日本にきてもらうことを考えたようだ。日本政府は、この頃から英語圏の国々から大学4年卒業生を募集し、語学教師として公立学校への受け入れを始めた。これがＪＥＴプログラムだった。

私の場合留学準備の段階で留学条件である財政証明書が必要だった。銀行にある程度のお金を持っていなければ、留学許可は出ない。英語能力はＴＯＥＦＬのある程度のスコアを確保していなければならない。

インターネットが普及していない時代であったが、米国の住環境はしっかりしているという情報だった。住む場所は学部生、大学院生と分かれ夫婦部屋も存在していた。また大学周辺には多くのアパートもあった。アメリカは入国管理局、大学、銀行等は学生の情報共有が確立されているので、留学生の管理は徹底しており安全だと思った。食料品も安いので、1カ月の生活費を計算して、まずはアメリカへ行ってから先の事はなんとかなると思い、ビザとお金だけ準備をした。

五　英語会話力不足

渡米前の英語力は特別な訓練もしなかったし、一般的な会話くらいしかできない状態だったが、ラジオ番組などいろいろな方法で自己流勉強をした。例えば、松本亨さんやマーシャさん等が英語を教えるＮＨＫ語学教育番組をたより、耳で英語に慣れるよう毎朝ラジオに向かった。当時アメリカの大学では海外から来る学生のために reading, writing, speaking, listeningの英語の力をつけるためのレギュラー講義が受けられる予備教育を設立し、日本が行っている外国人向けの日本語教育とは異なる経営方式を行っていた。

　当時日本では、特に地方で英語を教えてくれる人材が見つからず、田舎では留学情報は皆無に等しかった。日常会話ができる程度になり、東京で住むようになってから、英語力を身につけるために仲間と英語サークル作りの活動をした。英語は中学校で3年間、高校でも3年間学んだが、高校で学んだ文法、構文、そして単語等の記憶は薄い。はじめのリスニングでは耳に単語が入るように、まずそこからのスタートだった。今でも多くの若者が英語を話せないと思っているようだが、他の英語圏ではない国々に比べると、日本の若者ははるかに単語力があるし、日本の英語義務教育にちょっとした工夫ができれば外国人に頼る必要はないかもしれないと思っている。

　渡米前に調べたところ、実際にアメリカの大学に入学する前に、ESL（English as a Second Language）という留学生向けの言語習得クラスを取ることで、一般のクラスの講義が理解できるようになるらしい。それは1単位ごとにお金を払わなければ受けられない。クラスをとっても、学期末最後にある試験で不合格であれば、また1単位ごとに再度受講しなおすことになる。後日、日本へ帰国して日本の大学に勤めて分かったことだが、日本の大学でも、普通の講義を理解するのは留学生にとっては厳しいとよく言われており、現実はそのハードルを下げているため、留学生のためにも大学側にとっても教育の効率に無理があると思われる。結局英語のテストを何度も受け、そのスコアを持って渡米を実現した。

(二) いざ出国

一 成田から留学の一歩

成田空港からデルタ航空でアメリカへ渡ることとした。１９８０年代のお金で90万円の貯金を持って女一人の渡米ということで不安は隠せなかった。留学の目的は、まず外国の社会を見ることだった。留学せずに将来は医療従事者として敷かれた道があったのだが、渡米をすることで結果的に周囲の人々の信頼を裏切ることにもなった。たった一人で海外へ飛び立つときは、内心ではやはり自信もなく怖いと思ったが、これまでの計画を考えると、ここで全てをあきらめるわけにはいかなかった。心の中は複雑で、失敗したら二度と日本には戻れないとまで思いつめた。

機内に搭乗するまでいろいろな検査を受ける。赤い表紙のパスポートを手に握り、いろいろな書類に書き込んで何とか出発ゲイトまで辿りついた。一人一人ボーディンパスをもらい機内へとすすむ。席につき出発を待ちながら窓越しに見ると、飛行機の機体が大きいのに驚いた。乗客が荷物を収納場所に置くと機内は静かになった。

機内には、ビジネスマンと思われる日本人男性が多かった。毛布、イヤホーン、シートベルトなどの確認をしながら、乗客はそれぞれ離陸前の準備をしている。搭乗して10分ほどすると離陸の準備指導がクルーによって行われる。今とは違いビデオではなく、女性職員が緊急時の行動を通路で実際に行う。それが終わると避難口に座っている乗客に、非常時のマニュアルを確認させるのだが、余りにも真剣な指導に驚いた。彼らの危機感を持った指導が、私に覚悟を持たせた。怖いと思っていては海外にはいけないのだと、ある程度のリスクはあるのだと自分に言い聞かせた。

離陸の準備段階になると、乗客も息を止めて待っているようで誰一人話し声は聞こえない。滑走路へ機体がゆっくりと動いて他の航空機が待機する後に付き、順番を待つ。われわれの飛行機の順番がついにきた。エンジンの音が強くなり、飛行機が急に発進するとどんどんスピードが増し、車輪が地面から離れる瞬間を感じて手に汗を握る。飛行機が上昇していくと急に機体が浮く感じを受ける。窓に目を向けると東京の街並みが斜め下に見え、改めて日本の地を離れると実感した。機体が北へ向かい始める。傾斜が段々少なくなると機内アナウンスがあり、device使用制限やシートベルト着用などのランプが消されていく。千葉県沖を離れ海だけが見えてきたが、白い波が見える高さでも機体は飛べるのだとはじめてわかった。穏やかな天気だったので気持ちも落ち着いた。やがて機体は上昇し雲ばかりになり機内サービスが始まる。エプロンをした年配クルーが通路を慌しく動きはじめる。料理の匂いもただよってきた。機体は陸に沿って飛んでいるのか、津軽海峡の周辺になると飛行機が揺れ始めた。

１９８０年代は雲の上の職業であったスチュワーデス（Flight Attendant）が、すばらしく若く美しく見えたものであるが、今は外国の航空会社は特に年配の女性が割と多い。男性も一緒に機内サービスをしている。当時は、芸能人をはじめ有名人が結婚相手に選ぶ職業であったようだ。現在は丈夫そうな女性クルーが多い。実際に近いところで彼女らの動きを見て機内サービス業は大変な労力がいる仕事だとはじめて思った。

機内で聞こえて来る英語が、人によってアクセントの違いを感じさせられた。外国の航空会社に乗ると、彼女たちは日本人のビジネスマン相手に英語で〝コーヒー〟〝コーラ〟〝ブランディー〟等の簡単な単語を繰り返しながら乗客の注文をとって歩く。米国英語を長く話されると日本人にはとても難しいので、簡単に単語だけを使うのだろう。彼女らは通路を歩き、乗客を見ながら繰り返し、同じ言葉しか口にしない。英語が通じないと思っているのであろうが、未知の文化と機内のマナーを見せ付けられている思いだった。この機内の観察は留学先の生活に役立った。現実に役に立つ言葉しか使わず、優しいサービスまではなかったが、業務はすべて果たしていた。

女性クルーたちは英語が世界の言葉なのは当然だと思っているようで、堂々とその単語のみを使い、アングロサクソン系の乗客には足を止め時間をかけ笑顔で話しかける。フライト先の気候のことまで話をしている。一方アジア系の人には〝いかがですか？〟はなく、話しかける所を見た事がない。アジア人の顔をしていると、英語は通じないと思っているのだろうか。彼女らの英語の発音〝ウオター〟のターはとても難しいことや、日本人は水を飲む習慣は当時珍しく、日本人が飲むのはお茶であることも彼女らは知らないようである。英語も丁寧語は使用しない。〝チキン〟〝ビーフ〟とエコノミークラスで乗客に繰り返す。彼女らは背が高いため、乗客を上からみると笑顔がないのでにらみつけられているような印象があり、腰を低くしないで会話をし、目が会うと圧迫感がある。ビーフのトレイが足りなければ、押し付けるかのようにチキントレイを乗客の前に無言でおいて去る。彼女らの機内の仕事は乗客を楽にさせるサービスであるにもかかわらず、逆に乗客の神経をいらいらさせることが多い。あるクルーは繊細ではないことが理解できた。

日本人の女性乗客たちは、クルーに迷惑をかけまいと何も頼む事をしない。たとえば、飛行機に慣れない乗客は緊張しながらも、食事トレイの順番が来るのをじっと待っている。食べ終わると Flight Attendant の食事カートがくるまでじっと待っている。そして食べ物が空になっても整頓してトレイを渡すのが当たり前と、礼儀正しい日本の多くの人は思っている。

留学を終えた後も米国と日本を行ったり来たりすると、いろいろな文化やマナーを見聞できる。たとえば、クルー達は離陸する前に機内の乗客が席につくと、サービスに新聞雑誌を配る。そのとき〝どうせ英語ができないのだから新聞はくばらなくていいのでは〟とお互いに話しているのが聞こえるようになった。彼女らの英語が聞き取れるまでになったのだが、当時アジア人が英語を話せても、英語圏と思われる乗客にはより笑顔で接することは変わらない。東洋人を完全に無視するFA（Flight Attendant）も存在しているのが現実だ。最近は、東洋人が先に雑誌や新聞をおいてある場所へ行き雑誌を勝手にとる姿を見るようになった。2009年の渡米の時、年配の日本の婦人が寒いので毛布をクルーに要求した。それなのになかなか毛布を持って来ない。その態度に私は文句を言った。言葉ではっきりと意志を示すことは大事で、やっとのことで持ってきた。ある時、東洋人の若者が他の人とは違うのだと英語をやたらと使っていたが、クルーらの態度は変わらず笑顔を見せなかった。

2000年頃から機内での様子が変化してきた。最近は、スチュワーデスではなくフライトアテンダントと言い換え、性別を示さないという考えで職業名が変わった。ルフトハンザ航空にも乗ったことがあるが、スチュアート（男性）しかいなかった。アメリカの航空会社がFlight Attendantと呼ぶようになってから、彼女らの年齢、人種、言語能力も変わってきたようだ。飛行機で海外へ行く体験は、いろいろなことが見えるので乗ってみると学ぶことが多い。

さて、私を乗せた機体は北海道からだんだんと離れてアメリカのアラスカへと向かって行く。そのうちに機内は映画の上映を始める。眠りにつく人がいる中で私は米国へ向かって飛んでいる機内から外を見ていた。アンカレッジ上空に近くなりだんだん空も明るくなってきて、オレンジ色の光が雲に反射して山がぽっこり雲の上に浮いている。山の頂上でご来光を見ているようである。気流の変化のため飛行機がかなり揺れて、気流から逃げようと機体がスピードを上げるのが感じられた。ひどい揺れのときは機内クルーも着席するというアナウンスがある。そんなときは飛行機が冷たい海へ落ちるのではと誰もが不安になる。千島列島を越えるときはおだやかで飛行機もゆれなかったが、アリューシャン列島からアンカレッジ近くに行くと飛行機もゆれ、フライトアテンダントがエコノミークラスでも、大丈夫ですかと気にかけてくれた。いつもはエコノミークラスの乗客はじっと一人で耐えるのだ。

成田からシアトル州タコマ国際空港へ向かうときは追い風により8時間くらいで着くが、シアトルから成田へは、向かい風になるため10時間くらいかかる。

そして、オレゴン上空にさしかかると、山が二つ、また雲の上に顔を出す。朝日を浴びくっきりと富士山のように美しくみえる。シアトル―東京直行のデルタ航空会社の機長は、ここを通るとき、風景について説明する。冗談を言い乗客を和ませることもあった。これぞアメリカンジョークだった。上空から下をみるとやっとアメリカ大陸にきたなと思った。

オレゴン上空あたりでだんだんと高度を下げ、緑が多く広くゆったりとした大地が見えてきた。留学を終えてからはポートランドで乗り換えることもできるのだが、機体が急傾斜をして着陸するのでストレスを避けるためいつもシアトルへの直行便を選ぶ。

シアトルに近くなると機内では朝食サービスが始まる。朝食のコーヒーの匂いが機内に漂う。FAたちが作業着から制服に着替え化粧をし直して、とても美しくみえた。機内に彼女らの香水のにおいが立ち込め、これが新しい朝と着陸のサインだ。その匂いは様々でなんともいえないやわらかさを感じるが、実際は体の時間はまだ夜中なのだ。彼女らのきちんとした制服着用が機内にさわやかな緊張をもたらす。制服のスカーフ、口紅、香水が、女性的なムード作りをしているように思える。この雰囲気は成田に着くときの雰囲気とは全く異なる。着陸のアナウンスが始まると乗客は身支度をする。それから静かになると思ったが、なんとアジア系の乗客らが荷物の整理を始めるのである。立ち歩いて荷物の上げ下ろしをするので、そのたびにクルーが着陸が近いために、優しくジェスチャーで注意していた。

二　アメリカ西海岸に到着

日本を夕方離陸した飛行機は、米国西海岸の到着時は大体朝の9時か10時頃であった。到着すると空港外へ出るまでさまざまな手続きがある。まず外国人とアメリカ人とに分かれて入国管理官のチェックコーナーに向かう。西海岸の空港はアメリカ本土の入国管理が厳重で緊張する。

ワシントン州シアトルのタコマ国際空港に着いた。早速入国管理官に特別に呼ばれ、入国する理由とアメリカ滞在期間が長い理由を聞かれた。女性職員にすぐ小さな部屋に連れて行かれ、持ち物をチェックされる。さらに私は荷物も多くは持っておらず、それで怪しく思われたようである。下手な英語を話し大学生などと言おうものなら、かなりしつこく質問をされる。ここで反抗的な態度や高飛車になってはいけないのだ。空港の入国管理官はどの国も同じで、いろいろな質問をしなければならない。シアトルなど大きい空港になると、日系の女性たちが日本語で日本からきた乗客を誘導する。パスポートと入国書類を管理官のチェック前にまず自分たちがチェックする。仕事をスムーズにするために入国管理手続きをサポートしていると思われる。ここでは誰も身分も何も関係なく無力だ。ただ係官に従うだけだ。有色人種も白人も、アメリカにはいろいろな人種がいるのだなと、ここで改めて外国へ来たのだと再認識する。

慣れてくると私のような黄色人種でも英語を話せるようになるが、いつも自分は何人だろうと自問する場でもある。最近は米国に永住したいのか、日本で死にたいのかと迷う時もある。どうして日本人のままでいたいのか。どうしてアメリカがいいのであろうか。ほとんどの人には選択肢はないが、選択の自由があるのが幸せなのかどうかもはっきりとしない。シアトルの北米新聞に、アメリカ市民権を取るのか取らないのかと悩む日本人が多いと言う記事を読んだ事がある。アメリカまで来て本当は選択がないほうがよいのかもしれない。選択があるということは余計なストレスになる。

はじめは入国管理の怖いおじさんがじろっとこちらを見る。基本的な質問をする。それに対して受け答えができてはじめて、少し自信がつくのである。入国管理官に、日本滞在日数の多い永住権を持つ人は、どれくらい外国にいましたか、どうして日本へ行ったのですか、日本へ永住されたらどうですか、などといやみを言われるのである。永住権を持つと、米国政府からの許可証としてＩＤがもらえる。永住権があると米国政府にも日本政府にも税金を払わなければならないのにここで再度説教されるのだ。最近はもう慣れて、普通の冗談を交わしてそこを通してもらうようになったが。

スタンプをパスポートにペタンペタンと押してもらい、荷物をとりにエスカレーターで1階に降りると、大きなハスキー犬や秋田犬が検査官に促されてうろうろしている。もちろん麻薬などを見つけるために乗客のにおいをかいでいる。ここまでくるとアメリカは怖いなーと感じる。人も犬も大きいし、ましてや言葉が通じないとなれば本当に怖いものである。これから自分一人で生活しなければならないと思うと不安になった。頼れる人はアメリカにはいないし、不安と期待をもって現実社会に飛び込んでいかなければならなかった。

そのときの自分の気持ちは確かにExcitement, Anxiety, Fear, and Anticipationと、本に書いてあった言葉と同じようだった。女性だから誰かが助けてくれるだろうなどと、淡い期待もあったが、よくもここまで来たなという感慨の方が強かった。

入国管理官について一つ大事なことを伝えたい。東洋人の男性オフィサーなら助けてくれるのではと、思ってしまうことがある。ところが、これがたいへんな天敵との出会いなのである。アジア人女性が入国管理官から質問攻めに遭って涙をふいているのを何度も見てきた。パスポートと滞在先証明、そして過去の記録に疑問があると、容赦ない質問責めである。特に反日の強い国である中国系や、韓国系アメリカ人オフィサーには気をつけなければならない。日本人をターゲットにする傾向が私には感じられた。アメリカに移民をしていながら特に韓国系アメリカ人は韓国の心情を日本人にむき出しにする。日本人の人情的国民的行動や心理状態とは違い、人間を慕う心が打ち壊される瞬間でもある。同じアジア人だからと決して心を許してはならない。

荷物をもち、ドアから空港の外へ出る瞬間が一番心地よい。空港から出た後に出会う、制服を着た職員は全員が親切に見えた。まずはタクシーに乗らずに公共交通機関を探し、バスで市街地まで行くことにした。タクシー運転手の多くはアメリカの永住権を持つ外国の人で、ターバンを巻いている人や英語が片言だったりすることが多い。中東から来た人も、エジプト人も、インドから移民の人たちもいる。割と白人は少なく有色人種が多いことに驚いた。もちろん白人や黒人のアメリカ人もいる。タクシーに乗ってもアジア人で英語も通じないので、運転手に任せるのが怖かった。自分の勘に頼り、友人が示してくれた地図に従い行動を開始した。人は悪いことをしないであろうという日本人特有の平和ボケが私にあり、まだ他人を信じた時期だった。アジアから来た小さな女が一人で生きていくアメリカだと覚悟をした。

(三)　カルチャーショックの始まり

カルチャーショックについて少し考えてみよう。カルチャーショックは海外に出なくても仕事、転校、そして留学などで環境が変われば身体的に精神的に変化が起こる可能性が高い。症状や期間など個人差がある。

Culture Shock is a disease. When we change the place to live, to work and to spend our time, we have to adjust a new environment such as relationship, time schedule, and a place... Culture shock emerges as individuals feel the intrusion of more and more cultural differences into their own images of self and security. (Braun J. 1999)

誰も大人になるまで生まれた国で母国語を話し、文化も社会行動も小さい頃からなにも不便なく生活している。ふるさとの社会生活も何も不自由なく、いつも助けてくれる家族がいてわが町があり、平和な暮らしができた。転勤する家族もあるが、ほとんどの人は日本人として同じ社会で暮らしているが、今まで経験のない風習、習慣、言語、文化の社会に自分を置いた場合戸惑いが起こる。特に大人になってから外国生活を始めるのは体にとって大変な負担である。日本に住んでいる限りあまり気がつかないが、海外に身をおいたら精神的に身体的にどのような変化が起きるのか、今まで経験もなく想像をしたこともないことが起きる。助けを求めればいつもいた友人、家族、そして近所の人たちがもういない。話だけでも聞いてくれる仲間もいない。それはだれもが母国語を自由に操ることができる場所ではないからである。

カルチャーショックとは意思疎通の困難から始まり、精神的な変化で急に怒りっぽくなったり、孤独感に襲われたり、ホームシックに落ち入ってしまう病気であると言われている。ひどくなれば身体に支障が現れて医者に行くようになってしまう。多くの留学生もビジネスマンもいらいらしたり、引きこもってしまう。ちょっとしたことでパニックになり、多くの場合、環境の変化により、新しい状況についていけなくなる。時がたつにつれて新しい環境に順応していくが、その過程の身体的精神的変化がカルチャーショックであるといわれている。

英語圏でない者が英語圏に行くと自分がどのようなことになるのだろうか。渡米するまで考えもしなかったが、言語が通じない世界にいると余計にいろいろな反応が私にも起きた。もっとも日本国内でも生活環境の変化や職場異動でも同じことが起こる。海外では、言語能力がなければもっとカルチャーショックは大きいかもしれない。職場の変化、学校への入学、大きな環境の変化で、人間の身体が狂ってしまうのである。日本国内でもときに大学入学後に自殺をする人もある。

私自身も米国に渡ってから大きなカルチャーショックにかかってしまった。女性が米国社会で生きていくためにいろいろな経験をした結果、留学を望んで入国したにもかかわらず、身体が正直に反応し苦しむことになった。

カルチャーショックには5段階ある。その期間や症状も個人差があるようである。

カルチャーショック初期

アメリカへ着くまでが第1段階である。この期間は anticipation, excitement, anxiety, expectation 等の感覚で、とても幸せな時期で出国の準備に追われる。ただ、不安は伴うが心配といえば言語が主で、事件や事故に巻き込まれるような危機感はない。第2段階は目的地に着いてからの経験が主だ。初期2段階は全てがものめずらしく、興味いっぱいである。食べ物や見るもの全てがすばらしく思える。いわゆる "honeymoon stage" といわれている。感覚としては "amazement, happiness, stimulation" 等である。

第3段階になると、時間の経過とともに生活のルールを作る時期である。自分が話す言葉が、ある人には通じず、もどかしさが続き、やってみたいことができない状態が起こってくる。

この時期は、新しい環境で自分が生活できるように準備をする時期である。また、アメリカの人たちが生活をするためにに何をするのかを知り、自分で選択しながら行動しなければならない。たとえば、お金の預け方、買い物の仕方、交通機関の利用方法、電話の取り付け、そしてアパート契約の仕方を知らなければ暮らせない。さらに、光熱費などの公共費の支払いの契約の仕方など、たくさん覚えることがあった。実生活の定着準備段階である。カルチャーショック第3段階を詳しく説明したい。

カルチャーショック3段階

銀行で口座を開く

海外生活はお金が無いと誰も助けてくれない。まず、銀行で口座を開くのが大事なことである。口座を持たないと生きていけない。ほとんどのアメリカ市民は大金を持ち歩かないことが基本で、少額のお金は持ち歩くが、チェックブックとクレジットカード等を持ち歩く。もちろんキャッシュカードは銀行から現金を引き出すために持ち歩く。多くの人は100ドル紙幣を持たないと聞いた。理由は、取られるからだ。日本人が襲い掛かったアメリカ人に〝カネを出せ〟といわれ、その日本人は〝お金をあげるから殴らないでくれ〟と言って助かったという話を聞いていたので、少額の現金をいつも持っていた。

危機感をもって銀行へ行く。銀行へ入ると必ずガードマンがどこへ行けばよいのか指示してくれる。ガードマンは制服を着ている。椅子はなく誰もが立って順番を待つのだ。職員もカウンターの中で立って客に対応している。必要な書類に指示通りに記入をしていく。口座(bank account)を開いても、日本みたいにタオルやペンをくれたりはしない。アメリカの銀行は番号制で、当時の日本とは違い口座を開くまでのすべてが合理化されていた。チェックブックは後日郵送してくる。キャッシュカードを作成すると、なんとなく市民の一人になった気分になった。銀行で見かけた市民の身なりは清潔で、汚い服装をしている人に出会わなかった。この日から自分の名前のサインに慣れていくのである。

スーパーで食料を買う

銀行で口座を作ったら、まずチェックブックを持って食料品を買いに行った。買い物客を見ると食料品もキャッシュではなくチェックを使っているようだ。今はカードを使うこともできる。市民がgroceriesを買うところは、日本でいうスーパー(grocery store)だ。大体すべての食料品は安く、米や野菜などは日本の3分の1の値段で買える。ミルクやオイル容器も大きく、ほとんどの商品は大きな袋で売られている。説明も英語で書いてあるので、文字よりも実際に手にして品物を確かめないと、帰ってから間違いがわかり無駄になったこともあった。ミルクは特に巨大な容器で値段も安いが、買うと徒歩で帰るのが大変だ。ミルクは100パーセントのミルク、50パーセントのミルク、低脂肪のミルクと選択をしなければならない。はじめは意味がわからず、まずはそれぞれを買って味を確かめてみた。

パンもいろいろな種類があり、日本より安く、いろんなオーガニック商品が並んでいる。肉も野菜も安い。食品の多くは不法移民の人たちによって生産されているから安く買えるのだと学校で聞いたことがある。不法移民の人たちは労働賃金が安いから安くできるのだと人々が言う。

さすがに日本と違い魚の種類は少ない。魚のにおいをアメリカ人は好きではなく、ジョークで馬鹿にした言葉をよく耳にした。文化の違いであろう。湖で取れる魚も売っていたが、手が出せなかった。シジミなどはもちろんなかった。そういうときは少し遠いけれど、バスでアジア系の店に海の魚や昆布などを求めに行く。ここがまた安いのに驚かされた。私はいつも栄養を考えて鮭の頭を2個買っていろいろな物を入れてスープを作っていたが、実に美味しかった。鮭の頭は1ドルで買えたので工夫をすると生き延びられる。買い物に慣れていくうちに、アメリカに住むのも悪くないと思うようになった。

スーパーで困ったのがお金の支払いである。当時はチェックか現金であるが、始めはペニー（1セント）、ニコル（5セント）、ダイム（10セント）等、いろいろ名前がついているので覚えなければならない。キャッシャーがそのコインの名前でいうときがある。紙幣の持ち方やお釣りの数え方まで日本とは違う。丁寧におつりを数えてくれる。レジ（キャッシャー）では〝こんにちは〟と客に必ず声をかける。一所懸命働いているし笑顔がある。帰国後日本のコンビニ店で、無表情のレジの若者がお釣りを客の手にほうり投げるように渡すのをしばしば見かけた。これを経験するたびに一度海外研修すればよいと思う。

アメリカ生活の中で、いつも20ドル札を財布に2枚くらい持って行くと何となく裕福な気持ちでゆっくりと買い物ができる。車を買えなかったのであまり多くの食品を買えなかった。ある時は60ドルあるとお金をたくさんもっていると思われないように、他の人に財布の中を見せないように注意をしたものだ。

寮とアパート探し

アメリカに着いてはじめは大学の寮に住むことにした。個人的にも経済的にも余裕がなかったからだ。寮は大学の近くで、時間も有効に使えた。

大学の寮に入居するときも、マナーがあることを知った。予約を取り契約書にサインをハウジングオフィスで行う。寮も一応アパート式に鍵をもらい、自分でその場所を探していくのだ。退去時に部屋の物品を壊していない証拠を残すために、入居した時に部屋の写真を撮っておくことにした。何か壊すと弁償させられるし、もちろん入居時に1カ月分の敷金 deposit を支払う。退去時はもっと厳しくトイレも冷蔵庫も全て掃除しなければマイナスの対象になる。日本のように掃除人はいない。1カ月分の保証金は何もなければ返してもらえる。

寮生活を通じてアメリカの厳しさを学んだ。大学の寮は学部生、大学院生、博士課程の学生、そして学生夫婦、研究者も場所は区別されているが、一緒の条件で契約をして住み始める。中庭も広く緑が多く静かな場所に寮はあり、物音などで悩むことはなかった。学部生寮の部屋は共同空間（台所、リビング）の掃除は自分たちでする義務があった。しかし部屋以外の庭などは大学が管理していたようだ。学部生は経済的な理由でほとんど共同施設を利用していた。1人3畳くらいの広さで4人分の個室があり、リビングと台所は共有していた。大学院生はもっと勉強がしやすい環境だった。

韓国人、アメリカ人、アラブの学生などいろいろな人たちと住んだ。国籍の選択は出来ない。冷蔵庫は今まで見た事がない大きさで、それぞれの国の食料品がならび、お互いに味見したり国別の食べ物を楽しんだ。冷蔵庫の中の持ち物に名前は書いていなかった。

寮生活では会話が進み、会話はもちろん英語だが国別に独特の英語アクセントがある事がわかった。しかし、意思疎通はできお互いに楽しめた。勉強が第一なので学生達はよく勉強をしていた。住み始めてすぐ公共費（水道、電気、電話）は自分で電話連絡をして開始をしてもらうのだが、寮でもそれぞれで契約をするのだ。退去の時も自分で連絡をしなければならない。電話は個人部屋にあり、英語が少し話すことができても、電話会話は早く話されると聞き取れないことが多くストレスになった。寮生活はアメリカ生活を学べる場所で、否応なく自立させられるため、はじめは寮に入ることを勧める。

アパートで住むとなれば引っ越しは自分でしなければならないが、業者に頼むほどお金も大きな荷物もない。そこで日本の友人たちに依頼すると助けてくれた。お互いに日本人同士で自然に助けあう事がすばらしい思い出となった。とても感謝している。誰かが持ちよった車に何とか荷物を押し込め、新しい所へ移動する。アパートも寮と同じように、アパートのオーナーに前もってアポを取り建物の中を見せてもらい、あらかじめ仲間と下見をして引っ越しをした。今もその友人達と付き合いがある。

レストランで食事

レストランへ行くときは、誰とどこへ行くかによって身なりに気を付けるのが普通である。男性は必ずジャケットを着なければならない所が多い。割と高級なレストランはジーンズを禁止しており、食事は必ず予約を取っておく。予約日に出かけたら、テーブルに案内されるまでドア先で待つ。サービス担当がテーブルに案内する前に、禁煙と人数を尋ねられる。席に着くと飲み物をまず聞かれる。そしてメニューを渡され、ここから給仕との会話がはじまる。サラダドレッシングの種類、肉の焼き方、ライスかパンか、メニューの説明をめぐってたくさん決断しなければならないし、相手の目を見てオーダーをしなければならない。こうやって自分の意志を明確に示すことで、アメリカ文化にだんだん慣れていくのだ。

かつてドレスを着て高級なイタリアンレストランへ行ったことがある。グラスまでがクリスタルでとても緊張したが、給仕と会話をしているうちにリラックスできて楽しくなった思い出がある。やっとお金を使う意味がわかったし、誰と行くかがいかに大切かわかった。会話ができないと楽しくなれない。食事の喜びが感じられ、テーブル担当の男性の給仕も大変に気を使って対応してくれた。客の食べるスピードに注意を払い、客から声をかける前に順序よく食べ物をテーブルに持ってきてくれた。もちろんチップが含まれてのサービスであるが、気持ちがないと客にはすぐわかる。彼らはプロだと感じた。このように一歩一歩経験してアメリカ社会のマナーを知って、やっと他国で市民生活ができるようになる。

ある程度新しい環境のよさも悪さも理解できるようになった。アメリカ人から友人から社会性を多く学んだ。だが日本から来る学生の大半は語学研修生であり、社会に入らないまま日本へ帰国してしまうようだ。短期間では留学先の国が理解できないかもしれない。日本に来る外国人留学生はこの点は少し状況が違うような気がする。あまりにも日本政府や教育機関側がお客様として手をかけすぎで、彼らに責任を与えない傾向がある。この件に関しては項を改めて述べることにする。

さらなるカルチャーショック

米国へ到着すると気持ちもがらりと変わり、環境の変化が気持ちを引き締める一方で、なんとなく自分が自由になったと錯覚する。人の動きはとてもゆっくりとしている。車ばかりで歩く人が少ない。そして、人々は色とりどりの原色の服を着ているので感覚が少し変わってくる。日本との大きな違いは、人々の髪の色が暗い色ではなく、いろいろな色で明るい雰囲気に包まれる。人々はいつも笑顔で話す。このように観察する余裕がはじめの頃はあった。

ダウンタウンへ行くバスの中では、料金の払い方やバスの運転手に降りる場所の知らせ方、そして運転手に挨拶の仕方など、全てがもちろん英語なので緊張した。不安もあったが、いろいろなことを経験していくことに挑戦する気持ちに変えて生活をした。町の中も乗り物から見える景色も、日本と比べれば広く平坦だった。少し先には飛行機の会社ボーイングが見えてきた。やはりでかい会社だと感心した。目的地に着くまでバス内のアナウンスに必死で集中し、迷わないようにバスの中で緊張し続けた。

西海岸にあるこのワシントン州立大学は、ビル・ゲイツ氏が個人的に関係している大学なので寄付も多く、すばらしい施設を持つ大学だった。全てがコンピューター化し、日本では見たこともないコンピューターの数で、はじめて入学するものでも分かりやすい大学だった。学生に関する業務は、ほとんど学生バイトで管理運営がなされていた。例えば、図書館、勉強する部屋、コンピューター管理室、そして寮の管理室などが学生によって動かされていた。図書館は何十台もコンピューターがおかれ、学生は資料検索などが速やかに出来て勉強しやすくなっている。すべての学生はＩＤで管理されており、外部の人が入っても使用できなくなっている。

当時、アメリカに来るまでコンピューターがここまで大衆化しているとは思いもしなかった。日本ではコンピューターに触ったことがなく、使い方をはじめから覚えなければならなかった。日本語では打てないので、英語を使用しなければならない事も大変だった。この頃ビル・ゲイツ氏のマイクロソフト社は言語ソフトを開発中だと聞いたが、私の英語力が上がったのもコンピューターのおかげかもしれない。学生ＩＤから始まり、履修登録まで行うのだが、これもコンピューターで登録するのである。ある日本の大学は今も（２０１２年）学生が24時間コンピューター登録ができないことになっていると聞かされたが、この段階ですでに世界競争に負けているのだと思っている。この大学では本当に手続きが簡単で、時間をかけずにこなせた。大学運営の中で職員教育が徹底しており、ナンバー制でより無駄な時間を使わずに対応する職員は常に笑顔で親切だった。このアメリカの合理性を吸収したいと思った。

本部棟で履修登録の単位数によるお金を支払う時、現金は受け取らない。チェックが活躍した。それから部局の学生係を訪問したが、学生のアカデミックアドバイザーも設置されており、困ることはなかった。ただ留学生は授業料が2倍で、アメリカ人の学生でも州外であれば彼らも2倍とられていた。米国人学生も留学生もすべての学生サービスで公平に扱われており日本のように留学生を特別扱いするのとは違う。

精神的な問題、教員との人間関係、そして身体的な問題については、医学部を抱える大学なので、学生支援サービスは大学キャンパスの真ん中の大きな建物にすべてが備わっていた。学生サービスは留学生も関係なしに全学生に提供され、サービスは徹底していた。学生サービスも外国人を特別扱いしている日本とは違いすべての学生に公平に対応されていた。外国語は通じないが日本では英語が当然のごとく使われ、ほとんどの職員が対応できない現状だ。またアメリカの大学は大学院生がもっと大事にされている。たとえば、院生用の図書館も設置されている。教科書も借りることができ、貧乏人でも教科書を買わないでも安心して勉強ができた。研究の下地は整えられたと感じ取れ、何にでも挑戦しようと思った。

カルチャーショック4段階

ストレスがどんと押し寄せて、カルチャーショック第3段階から第4段階の症状が出始めた。焦りや、行動を起こすことに時間がかかった。人とうまくコミュニケーションがとれずイライラし、すべてが計画どおりにいかなかった。そして悪循環が起こり、これからの計画もうまくいかないのではないかという不安に襲われた。アメリカの文化価値感が日本と全く違う事に自分の無力さを感じたのだ。ここアメリカは自立、競争、そして、お金第一だと文化価値を知ったが、それに自分が適応できなくなっていた。

アメリカの都市にはそれぞれにダウンタウンがある。そこには官庁がそろっていて、買い物をする場所には大手のデパートもある。通りも広く人がいつも集まる場所だ。特に週末は観光客もたくさん訪れる中心街である。そこへよく出かけた。車の免許は日本とアメリカの両方をもっているがこの免許証がほとんど自分のＩＤになった。しかし、車を買う余裕がなく、公共の交通（メトロバス）を利用した。バスのコースと番号を覚えなければ迷ってしまうので慎重になった。ところがそのバスに乗るとバスの中の特有の匂いを感じた。座席の匂いではなかったが、人々には笑顔があるので気にしないようにしていたが、本当はバスに乗るのは好きではなかった。

ある日、できるだけ早くバスから降りるために、運転手の後ろの前側の席に座った。変なおじさんが笑顔で話しかけてきたので急に怖くなった。服装で人を判断してはいけないことはわかっていたが、ちょっと不安になりすぐその場を去った。ダウンタウンで降りると、いろいろな人々が歩道で紙袋に包んだ酒の瓶を持ち、男女の集団が通行人をうつろな目で眺めている。顔にはつやがなく髪やひげは衛生的でない。ある人は昼間から路上に座り込んだり、壁にもたれかかったり、お互いに大きな声で話をしている。夜は無料で配られる食料をもらっているホームレスの人たちだった。昼間でもその光景をみると本当に怖くて、酔っ払いの前を通るたびに体が硬くなった。あいにくそこを通らないとバイトに行けなかった。彼らは何もしないし、怖くなる必要はないのだが、5回目あたりからやっと彼らの存在に慣れ、公共交通を利用することにもなれていった。

車の運転を始めると、ガソリンを自分でいれなければならない。アメリカはセルフサービスばかりだった。日本のガソリンスタンドで窓を拭いてくれることや、帽子をとって礼をするサービスとは全く違う。いつでもお金を奪われることがないように窓も工夫され、お金を払うときは窓越しにマイクで店の人と話をし、直接手渡すことはない。すべての危機管理が徹底されているし、すべて自分で身を守らなければならないのだと思った。ガソリン入れの初めての経験が、自分の体に何かスイッチが入り、急に怖くなってしまった。理由は全くわからないが、はじめての経験に不安があったのであろう。かなりの体力を使い、慣れるまで数カ月もかかった。これがカルチャーショック症状だった。日本では全てが便利で、若いガソリンスタンドの人が何もかも全てやってくれた環境と違い、改めて日本の便利さが危機管理を持たせない環境だと気がついた。

運転しながら道に迷ったことも何度もあった。当時は車にナビゲーターなど設置していない。スピードを出しながら音楽を聴く余裕など全くなかった。迷いたくないと必死で運転をしていた。ある夜、仕事から帰り、まだ夕方の6時ごろだったが、運転をしていて自分がどこにいるのかわからなくなった。あるガソリンスタンドに停車しすぐ友人に電話をかけ助けを求めた。すると「どこにいるのかわからないのに、迎えに行けない」と返事があった。さらに「道はつながっているから、東、西、北をめざして運転しなさい」と言われた。その冷たい言葉によってどん底に落とされた。涙は出なかったが、恐怖で泣くこともできなかった。このような状況が続き、自力でなんとか困難を克服していった。

これらの経験はまだ軽いほうであった。いろいろな人に騙され、不親切にされ、痛い思いもした。一度ならまだしも度重なると精神的におかしくなる。数十年たった今も、その怖さは決して忘れられない。カルチャーショック第3段階から4段階はとても苦しい時期で、見るもの、出会うすべてに対して不安が伴った。人に頼れない事件が毎日のように起こり、期待はずれの戦いばかりだった。

さらに大きな事件が起こった。大学の図書館で本を返そうと本棚に向かい、たった1分席をはずしたら、その間にかばんを盗まれた。中身だけ取り、かばんはトイレのごみ箱に捨てられていた。中身はクレジットカードやキャッシュカードである。キャンパスの中で、しかも図書館で、このようなことが起こったので大きなショックを受けた。その時から必死で生きてきた自分がぶちきれてアメリカという国民が大きらいになった。世界の人々はこの国のどこにあこがれているのだろうか。実際に住んでみると、こんな国なんか見かけだけだと思い、悔しさとショックのあまり言葉も上手に使えなくなった。

それからはバスに乗ってもどこでも注意し、すべて行動を起こす前に確認しなければならなくなった。料金はいくらで、何番目のバス停とチェックしなければどこへ連れて行かれるか不安であった。その頃に聞いた話がまた不安を助長させた。ある日本人学生がバス停で女性運転手に出会い、誘われるままに事件に巻き込まれ殺害された。いろいろなことが日本人留学生に起こっていた。店で何を買うのか、お金は大丈夫か、いろいろ考えながら買い物をしなければならない。車社会のアメリカでは車があると安全だが、歩くと危険だとわかった。防犯用のスプレーも買い持ち歩いた。はじめから車を持てるほど経済力はないので、気が休まる時がなかった。全てが上手くいかないし、失敗だらけの毎日だ。自分に命があるだけよいと思わなければならないと言い聞かせた。言葉、生活習慣、そして社会のルール等が違うだけではなく、人間の質までいつも日本と比較してしまうような状態だった。泣きたくなることもしばしばだった。

末期状態のカルチャーショック

大学院生になると留学生活にもなれて、研究にも余裕が出てきた。広くアメリカ社会を客観的に見られるようになった。外交や国内政治や学内教授陣の考えや周りの人たちの人間性まで見えるようになった。大学院はいろいろな勉強に絞られ、だんだん専門的に領域が狭くなってくる。それでもまだ研究者の卵で、研究方法をみっちり教え込まれた。たくさんの本を読まされ、学部生とは違う苦しみを味わうことになった。本当にこの道が自分に適しているのかと思うようにもなった。これからの人生を深く考えさせられた。他のアメリカの大学院生も人生をかけ在学しており、経済的にも生活に苦しんでいる米国人学生が多くいた。学生はおしゃれなどしている余裕はない。競争と実利主義の文化社会で決して学生生活は甘くなかった。

カルチャーショックの段階、期間、症状等は個人差があるが、当時は時間が経つ中で、日本に関する事件が次々と起こり、ショックが大きくなった。後で再度詳しく述べるが、ルイジアナで日本から語学研修でアメリカへ来ていた服部君が銃で撃たれた。また政治的な経済摩擦に由来する事件がアメリカで起こる。日本を軽視した政治的な圧力に大統領自身が関わっていることなどが、アメリカのメディアでも取り上げられていた。ますますこの国に対して怒りを覚えるようになった。一体、日米同盟とは何なのかと疑問をもった。日本はまだ属国の思いをした。カルチャーショックもついに第4段階に来たらしい。この段階ですでに帰国する人も多いという。特に調査はしたわけではないが、孤立する研究員や院生が多いようだ。日本から来た医学部の研究生から相談をもちかけられた。大変に孤立し精神的にまいっていた。拒絶 rejection, 不満 frustration, 落ち込み depression 等を感じながら会話をしても解決するものではない。人間関係で誤解を解いても解決するわけではない。

この時期は特に我が国、日本が大変すばらしい国に思えた。ある学部生のクラスで、湾岸戦争では日本はアメリカに貢献していないという学部教養学総論担当の教授の発言があったと、日本人の学部生から聞かされた。われわれ個人が何かできるものでもなく、無力さを感じたが、私は一晩解決策を考えた。私たちはその教授に抗議文を提出するように助言をその学部生にすることにした。その結果、その教授は次のクラスで改めて日本の貢献度について謝罪と説明をしたらしい。

カルチャーショックはさらにひどくなっていった。戦後はアメリカの子供だった日本が成長し、親に向かって対抗しているという、一般的なアメリカ人の考えがメディアで言われる事があった。第2次世界大戦同盟国はドイツ、イタリア、日本だが、白人でない日本に対して人種差別や偏見は今も消えていない。戦後、日本の経済が上向きという理由からかもしれないが、いろいろな国の人々や、アメリカ人たちからたびたび日本に対して結構な偏見を受けていた。アメリカの中部デトロイトでは、日本人と間違えられ中国人男性が殺されたとクラスで習った。繁華街では日本車がぐちゃぐちゃに壊され、まるで韓国や中国の反日運動と同じような被害にあったようだ。クラスでも教授に教わったが、このときほど外国に対する自分の危機感の甘さを痛感したことはない。日本人の多くはこの状況を知らない。

その頃のことだが、学校の講義が終わり大学通りを歩いていたとき、パンパンと銃の音が身近に聞こえた。瞬間、建物の隅に隠れた。すると警察（city police）車が目の前で急に止まった。警察官はピストルにすでに手をかけていて、今にも銃撃戦が起こりそうな瞬間であった。そんなことを身近に見てしまい、ますます自分がいる環境が怖くなった。大学にはキャンパスポリスがおり、それにシティポリス、州ポリスと3種類の組織で町を守っている。そのすごさを見て自分の身は自分で守ることは当然であることがわかっていても、外に出るときは鎧もなく防ぎようがない。アメリカ市民にとってはこれが普通なのかもしれない。

さらに自分の中でカルチャーショックが大きくなったのは、嫌な出来事が重なったのも原因だが、アメリカの人から見れば、黄色人種は日本人や中国人、韓国人の区別がされずアジア系という認識をされたことであった。肌の色なのか、英語のアクセントの違い、英語スキルそのものなのかわからない。大学の学生係の職員にもあまり親切に扱われていない印象があったし、他の学生も日頃からそう感じていたらしい。一度事務室へ行って書類を提出したとき、あまりにも不親切だったので、理由がわからず「皆さんはどうして不親切なのか」「何が問題ですか?」と大きな声で質問をした。すると学生係の事務職員の態度が一変した。

アジアの隣国からの移民や留学生たちは、特に韓国系女性は理由なしに日本人に牙を見せていた。アメリカ人には笑顔で付き合うが、日本人に対しては言葉にならないほどひどいいじめがあった。理由もなく団体で押し寄せるいじめなのだ。大学内の韓国人も同じ態度を日本人に見せ、無視し口を利かないのだ。すごいのは、他の関係のない学生たちにもあることないこと悪口を伝えていくのだ。今の韓国の悪口外交とそっくりだ。以前のブッシュ大統領時代に、日本に対して悪口外交を李前大統領もアメリカ国内でしたそうだが、当時のブッシュ政権はこれを無視した。これは韓国の国民性であろう。全く幼稚に見えた。その反面、アメリカの法を守らないそうで、何人かは法を無視して入国している学生が身近にいたと聞かされた。そのとき自分は勝負に出た。だれよりも早く研究成果を出し学位を取得しようと決心し、実行できた。

最近も日本のプロゴルファーやアスリートに、そんな韓国人からのいじめのエピソードがあると耳にしている。残念ながら韓国人の本性をまだ多くの日本の国民は知らない。アメリカの地でアジア系からもろに差別を受けることもあるのを、われわれ日本人は知っておくべきだ。

日本国内でも韓国の反日も度が過ぎる。韓国人に比べて、海外で出会う日本人は全般的にまだまだ礼儀作法は大丈夫だと思った。アメリカを知れば知るほど期待したアメリカではなく、アジア系に悩まされ、昔思っていたアメリカの感情はなくなっていった。カルチャーショックだと認識して、しばらくは時間をかけて回復を試みた。

学外ではアジアからの移民に出会うことがあまりない。アジアからアメリカへ来た人たちは顔だけではどこの国の出身かわからないので、注意して観察しながら会話をする。助けを求める人たちにあまり親切にすると、逆にトラブルに巻き込まれることが何度もあった。あるる国では「右手で手助けすれば左手ももがれる」ということわざがアメリカで本当におきていた。他の国でも日本人はかもにされる話は山ほどあるが、実際に、お金を出せと求められ、日本人男子学生は丸裸にされていた。ますますカルチャーショックが大きくなり、精神が安定するまでかなり時間を要した。

カルチャーショック5段階

カルチャーショックが一番ひどい4段階になると体も精神的にも参ってしまう。経験しないと理解できないが、その状況の説明はむずかしい。いつまでもその時期に陥る人もいるし、時間が過ぎるとすこし改善する人もいる。また現地の生活から逃げ出した人もいる。日本に在学している留学生はあまりカルチャーショックを経験している人は少ないようだ。しばらくすると生活のルーティンに慣れてきた。するとあれだけ受け入れがたかったアメリカ人が気にならなくなり、英語が段々上達するようになった。その後はアメリカ社会になれるように努力をするだけだが、それもスピードや行動範囲の広がり方も個人差があるようだ。私は大学院の友人と出来るだけ話をしたり、ランチを一緒にしたり、教授陣とも出来るだけ接触するように努力をした。自然と自分にも自信が生まれ、笑顔が出来るようになった。しばらく忘れていた自然にも触れる余裕さえできた。最後の段階になってできるだけ日本人の友人とも会食し、アメリカ人の友人を作り、買い物へもでかけるようになった。そして、博士課程の研究生活も楽に過ごせるようになった。このカルチャーショック脱出期間は当初の学部生から大学院まで、全体的に10年は時間を要した。

(四)　大学入学そして大学院入学

アメリカの大学に入学するために、短期大学も4年制大学も同じように、外国から来た留学生はTOEFL testを受けなければならない。普通の講義が理解できないと単位取得できないという理由だ。正規の大学生になるための予備教育の英語クラスがある。そのコースを受け合格しなければならない。そのプログラムで教える教員も厳しく訓練されており、彼らは英語学修士号か博士号を習得していないと採用されない。カリキュラム内容はアメリカや世界の文化、政治、教育、医療など、いろいろなテーマにわたっており、アメリカで教養を身につけられるようカリキュラムが編成されている。そのカリキュラム内容は、日本で教育を受けるよりはるかに高い教養を身につけられる内容だと思った。教養の英語力は短時間では身に付かないし、もちろん1年か2年を覚悟して受講しなければならない。多くの留学生に聞いても、クラスのスピードについていくのは大変らしい。

一　学部生の生活

大学では学部生からのスタートだった。経済的に余裕がなかったので、常にお金と相談しながら、まずは質素な生活をすることから始めた。まず希望クラス単位数と予算を組まなければならない。日本でのように一定の授業料を払うと何単位でも取れる制度ではない。クラスは簡単に単位が取れるものではないし、クラス課題も多い。米国の大学は州以外の学生や外国人からは倍の授業料を徴収する。セメスター（semester）制ではなくクオーター（quarter）制なので15単位以上の履修は禁止されている。5単位の科目は毎日講義があるので忙しいし、ついていくだけで大変である。

この状況の中で自分は大変な道を選んでしまったと後悔したこともあった。朝と昼時は予習や宿題等の準備を講義前の時間を惜しんでこなし、ほとんどの時間を勉強に使い、家に帰らず学内カフェテリアで過ごすこともあった。学内の施設では学生は大声を出すものもなく、ふざける学生はいない。それだけ多くの学生が毎日勉強に追われているのである。ほとんどの学生が真剣な顔で、勉強をしているので、誰も人を寄せ付けない雰囲気だった。

米国人の学生はどこかでバイトしているようだったが、明るく前向きで、生活はとても質素に見えた。親にお金を頼っている学生はほとんどいない。自分が世帯主になり学生ローン契約をする。ローンは卒業して返済をするのだが、徹底して支払いをさせられる。

日本のように給食費や育英資金を借りても、返済しないものがいるが、返済が2カ月滞るとかなりの請求連絡とペナルティがある。日本の制度の生ぬるさは私には理解できない。責任と言うものがその日本人には見えていない。

アメリカでもお金を親に頼っているアジア移民の家族が多い。特に韓国系や中国系アメリカ人や東南アジア系アメリカ人などは、家族経営の商売をするので、2世代で一緒に住む学生が多い。だから学生たちは割と裕福で彼らの一部は車で登校をするものもいた。

一方、白人や黒人などいわゆる米国人の両親を持つ学生の多くは奨学金を勝ち取るまで応募し、あるものは学内で働くものもいる。教師助手や研究補佐をしながら学費をできるだけ節約している。日本みたいに「かわいそう」という感情はなくこれが普通で、たくましくみえた。両親から独立し、親もお金を出さないような制度があるからだ。そのかわり学生ローン返済や奨学金義務条件は法的に扱われ、裁判まで持っていかれる厳しいルールをみんな知っている。返済しない学生は犯罪者として扱われる時があるときいた。よって必ず返済しなければならない。

学生たちの生活を見ると、昼食は家から持ってきたりんごやサンドウィッチを食べている。あまりお金を使わないし、お金の使い方は親からしっかりと学んでいる。日本では苦労させないように親が世話をし、社会も便利さを売り物にしているので、誰もが便利に慣れてしまっている。外国へ行ってもある若者はその母国の便利さを他国に要求してしまい、不満をいつも持っていた。アメリカではいたるところで学生は食べながら本を読んでいる。時には政治に対する意見交換をしている学生もいる。日本の大学では見られないが、学生は時間を大切に使っていて、休み時間はできるだけ勉強時間として読書に上手に使っている。木陰でよく本を読んでいるのをみると、勉強の仕方が我々と違うように思える。服装も簡単なもので靴はほとんどスニーカーで、日本の大学のようにヒールや厚化粧する女性はあまり見かけない。そしてほとんどの女学生は肌を露出しない。バックナップを担いでキャンパスを歩き回り、家からは公共交通機関や自転車を利用し、週末のみ自分の車を使用して楽しんでいるのだ。さらに学生の環境や健康意識が高いのに驚かされた。

二　アメリカの大学

アメリカは日本流の以心伝心は通用しない国だ。大学のカフェテリアで学生を見ても日本と違うのはごみ箱へごみを持っていく人が少ないようだ。日本人は自然に人に言われなくともきれいにする行動をする。学内のカフェテリアで掃除をする人がそばで掃除をしていても、自分のトレイはほったらかし、そのまま食べものを残しテーブルの上に置いて立ち去る。業務分担がはっきりしているからだろうが、見ているほうは気持ちが割り切れない。キャンパスで見る多くの学生は他人が全く気にならない様子だ。学生が去った後、掃除をする〝ジェニター〟という人たちは仕事とは言え、絶え間なくごみを拾っていく。彼らの多くはアジア系移民やフィリピン移民で壮年層の人たちだ。一番不思議に見えるのは、そのアジア人移民学生の一部がアメリカ人と同じ行動をすることだ。同じ行動をすることが自分はアメリカ人だというアイデンティティーを見せたいのかもしれない。アジア人種だからと決め付けるのは良くないが、自分の中にアメリカとアジアは文化の違いがあると信じているのかもしれない。私はよく学生が使う英語のアクセントを聞いて、どこの出身なのかを判断していた。

またトイレもふんだんにペーパータオルを使う学生が多い。今や日本も公共施設もそのようになってきているが、アメリカ人はハンカチを使う習慣はないようだ。アメリカ人はこまめではない。小さな空間で育っていないからであろうが、あれだけ雨の多い季節で雨が降っても傘やハンカチを持たない。そして、トイレで忘れ物でもしたら絶対に出てこない社会だ。人のことが全く自分の目に入らないのかもしれないが気にしていないようだ。

もちろんトイレそのものも日本と違う。日本式のトイレは外国人から見れば珍しい。アメリカのキャンパス内では、トイレはドアも壁も30センチくらい床から筒抜けである。日本人はトイレの使用時、よく水を流し音が聞こえないようにしたり、公共便所のような所では音姫が付いている。逆に音姫についてアメリカ人の友人と話をしたが、必要ないという答えがあった。当初は、毎朝大学へ行きトイレに入ることに抵抗感があったが、だんだん慣れて人が気にならなくなった。

三　学部生のクラス履修

学期ごと一定期間内に学生対象の科目紹介がある。結構厚いカタログが全学に配られる。講義時間、担当者、そして単位数など履修登録をしやすいように配慮されている。履修はすべてコンピューター式で行われ、家からでも簡単に登録ができる。受けたい講義と時間帯が一致すれば履修ができるが、クラスが満杯になれば履修は自動的に拒否される。登録されると、再確認後、科目単位ごとに学生事務所で授業料を支払う。すべて本人がするが、日本ではこれがいまだに行われていない大学もある。教師が学生を選ぶことにより、人数制限がなされている有様だ。さらに大学自体の業務改革がなされていないので、職員が学生を選ぶことになる。前期後期で何単位でも履修できる制度にさらにショックを受ける。前期の授業料で無制限に単位が取れ、いかに簡単に単位を取れるかということで、日本の教育の質が問われるのではと心配している。

アメリカでも1年生や2年生は大講堂で授業が行われる。先生は概論を教え、マイクとプロジェクターを使って講義をする。概論を教える教員は日本と違い、経験を積んだ人が多く、専門は別としてすべてを把握して概論に臨むのでよく尊敬される。日本では大学1年から専門を教える教員が多いが、個人的には賛成できない。1年生では広く知識に触れる必要があると思う。テキストも分厚く重たいもので、予習をしないと付いていけなかった。いちいち翻訳していく時間はなく、斜め読みだった。

アメリカ方式でいくと、全く人と顔を合わせなくとも、お願い文を書かなくても、履修はできる。クラスの初日に、はじめて学生数を知り先生に会う。テストは学部2年まではペーパー式はない。ノート式が多かった。学部生はこの方式でよいが、大学院は議論が必要になってくる。教科書は大学経営の本屋さんで購入する。そこでは中古の本まで安く売ってくれるので、とても合理的である。新しいものは倍の値段もするほど高かった。ほとんどの教科書は分厚いし、サイズも大きく高い。講義の評価も教師の評価も、学生全員に義務化されているので正確に評価される。日本の大学では学生の教員評価は自由選択で、評価後の対策も不明瞭であり、評価率は百パーセントではない。

そして、中間試験や期末試験は合理的に作成され、マークシート式やノートに書き入れるノート式が多く、カンニングは絶対にできないように厳しい。カンニングが見つかれば即退学で成績結果も正確である。学生はバイトと勉強を両立させている者も多く、勉強スタイルも自由である。課題についての話し合いは多いが、お互いに助け合ってはいない。日本のようにグループの連帯を学生に求めるのは少なく、むしろ優秀な学生が才能を高く伸ばすことができる形だ。勉強ができない学生は、ドロップアウトも簡単にできる。教師の多くは勤勉で、学生を差別することなく公平に対応しなければならない。しかも教師もオフィスアワーを守り、研究方法の基本を教える。また学生にテーマの自由を与えた上で助言をする。学生は怠けず必死に勉強したいと自然に思うようになる。

その中で米国人学生は nationalism を根底にしっかりと持っていると感じた。小さいころから国家という意識を持つよう指導しているのだ。住宅街では祝日には多くの家が国旗を掲げる。だから政治の動向、経済の動向、民主運動などに興味を持ち、いつも彼らは政治情報を得ている。一番驚いたのは大学生の多くは株で利益を得ており、経済動向もしっかりと心得ていたことであった。これで生活を支えていた学生も見た。日本人学生は、徹底的に彼らより経済的世界動向には、遅れていると感じた。クラスではっきりと自分の意見を言うし、よく教師に質問もする。前もって教科書もよく読んでクラスに参加している。全体的に人に頼らない勉強姿勢がある。日本ではここは読んでおけとか、いろいろ教師が指摘し、学生を助けているのだが、アメリカの大学生は、山掛けや友人に助けを求めたりはしないようだ。

グループ課題活動になると特に留学生は難しい状況におかれる。まず言葉に問題があり、意見交換もあり、それなりに分業があるからだ。責任を問われる。認められていない雰囲気の中で勉強することはかなり手ごわい。その中で親切にしてくれるのを期待していたら、とんでもないことになる。冷たいのではなく自立心が強く、相手にもそれを要求する。日本のように外国人を特別扱いしたり、優しくしたり甘えさせてくれたりはしない。先生の部屋に行くのなら、必ず予約をとらなければならないし、連絡方法はすべて学内メールだ。アメリカ人全体が返信が早いのに愕いた。時間を設定し、教師の許可があって面談が実現するのだが、日本のような公私混同の付き合いはあまりない。例えば、ファーストネイムで呼んでよいと言われるが、現実にはできるものでもない。自由があると思われがちだが、自由があるのは規則とルールが徹底しているからだ。

四　危機意識

特に日本人にとって一番の弱点は危機管理がないことだが、米国のみならず他の国に、海外留学生活をすると、危機管理を学ぶことになる。私自身もアメリカに来たことで、特に危機管理を学ぶことができた。

高学年学部生になると勉強内容は難しくなった。特に心理学系は○×式の試験が多く暗記では勝負できない。いろいろな面が日本式とは違う。結果の明確さを求められ、時々自分は本当に頭が悪いのかと思った。学部と院生、そして博士コースの学生とは非常に授業体系が違うのだ。教員の学生に対する期待度も個人的に違う。

学生はよく図書館を使用することが求められる。自力で調査をすることを学んだのは、後の人生にプラスになった。図書館はとても広くコンピューターで管理されており、探している書物を見つけることが簡単であった。

ある日、本を返還しようと午後図書館を訪れた。以前、かばんを盗まれたので注意して行動した。しかし、今度は友人にも同じことが起こった。大学院生がよく自習で使う文系の図書館の2階だ。友人はかばんを机の上に置いていたが盗まれたらしい。IDなどクレジットカードもあったが、お金だけが取られていた。残念ながら防犯カメラは設置されていなかった。友人もショックで立ち上がれなかった。いかに自分たちは甘く無防備であったかを反省させられたが、友人に起こったことを米国人の友人にいうと、あっさりと「取られる方が馬鹿だ」といわれた。そして「かばんと財布はいつもキャンパス内では身につけて歩くことがアメリカでは常識だ」とも言われた。

そしてしばらくして、またまた私は盗難事件に出くわした。今度は論文を盗まれた。今はUSBが使用されているが、当時（15年前まで）はフロッピーディスクが多く、文章の保存に使われていた。論文を保存したフロッピーディスクはいつも自分のカバンに入れて持ち歩いていた。学校でもコンピューターがあるので夜遅くまで図書館に残って作業をしていた。本を調べ資料をどんどん保存をしていた。多くの人は働いている年齢なのに、こんなに勉強できる時間をもらえていることに感謝しながら生活をしていた。ある日、指導教授のメールボックスに自分のフロッピーディスクを論文のチェックをしてもらうために入れた。いつものように職員一人がメールボックスの前で仕事をしていたので安心してそれを入れた。彼女は机の横にもデスクを持っており電話対応などしていたが、あまり盗まれる事は予想しなかった。入れてたまたま数分後にもどると、その職員はそこを離れており、フロッピーディスクが無くなっていた。今度は体が震えた。結局、教授など全ての関係する人にすぐにメールを送り、この事実を説明し、見つかったら送ってくれと告げた。また、他の学生が盗まれた論文を自分の論文として提出した場合を想定して、内容やテーマを詳しく説明しておいた。そのときは教授の先生も事務職員も全員が協力してくれた。その後、誰が盗んだかが判明して、博士論文をスタートすることができた。怖かった事件である。日本でもここまで注意をしたことがない。アメリカでも海外でも、日本での何倍もの注意を払わなければ生きていけないことを学んだ。

留学先の大学は研究大学で、医学部、法学部、農学部、工学部、歯学部、経済学部など、それ以外に日本研究学部、言語学部、心理学部、教育学部、美術学部など様々で、学府も同じように構成されていた。学生数約3万5千人を受け入れる大きな大学である。アメリカの大学は、一般に州立大学総長は教育学の学術博士号（Ph.D.）を持たないと選出されないと大学職員からきいたことがある。組織からしっかりと構成されている。一般教員もまずPh.

D.でないと採用されない。日本の大学とここも大きく違う。日本では外国人は修士だけでも大学教員に採用されている。日本の大学はどことなく甘い環境にある。人間関係も基本的に優先されることもあり、外国人教員は特に徹底した履歴など調査されていないケースもある。日本の大学は人事に関すると、アメリカと比べて留学生にも外国人講師にもチェックが徹底されていないように見えることがあった。学生の方もアメリカでは留学生も米国人学生もチェックが一元化され、履歴も徹底してチェックがかかる。全てにおいて差別されることはなく、差別の言葉や偏見の態度等、教員も学生もよく理解しており、教員の学生対応にはことさらに気を使うようだ。教員採用は卒業した学生は外で旅をさせるようだ。

特に事件や事故に備えた管理が徹底され、法律国家だという印象がある。キャンパス内には警察が常時滞在している。いざ事件になるとキャンパスポリスがまず先に到着する。そして、応援に市の警察、そして州の警察と事件によって連携することもある。見ているとキャンパスポリスは常時忙しそうである。いろいろな学生が問題をおこすからである。特に性的な事件が多かった。キャンパスの周りには学生アパートが立ち並んでいるので、市と連携をして警備をしている。危険な環境だからこそ、学生は守られていると言われる。しかし、事件は度々起こっていた。

大学生は遅くまで図書館に残って調べものをする。キャンパス内の図書館には様々な専門書があり、多くの院生が使う図書館は夜中零時に閉館する。そうなると女学生に帰宅エスコートが必要になる。有料無料を問わず、エスコート制度があり、とても助かった。電話で予約できたが、そのために学生が雇用されていた。キャンパスとキャンパス周辺に大学のマイクロバスを循環させ、学生の帰宅に備えていた。危機管理はこのように実行されている。最近は日本の大学も同じようにバスを走らせているようだが、残念ながら学生の雇用は実施されていない。しかもＩＤをチェックしない。ここにも危機意識がない。

１９８０年代、米国の大学院に多くの日本人が留学をしていた。学部を日本で終了し、アメリカで大学院卒業を目ざすか、または語学留学が多かった。日本から来る学生は、経済成長もあって羽振りがよかったので、わりと派手な女子学生が多かった。日本から留学をする女性たちの無防備さにあきれることも多かった。大学内を団体で歩くのは良いとしても、大きな声でストリートを横一列に並んで歩き、興奮して大騒ぎである。肌を大きく露出した女性が多く、派手な化粧をしているので日本人とすぐわかった。真っ赤な口紅で髪を長くし、アメリカ大学キャンパスでおしゃれを満喫しているようだった。学内やダウンタウンでよくこの光景をみて日本人の一人として恥ずかしかった。

このような時によく日本人女学生が殺される事件が報道されていた。女性たちはアメリカで起こる性的犯罪や事件に対しても、確かに危機感がないようだった。留学前の語学教育だけでなく、アメリカ社会への予備教育が日本でなされていないのが明らかであった。夜は何時からは外出しないとか、外出するならば一人では出ないとか、そして外へ出たら決して話しかけられても、その誘いについていかない等注意しなければならない。玄関から玄関まで車で動くことや、夜中には外出をしない事など、いろいろなルールを知り、社会人として身を自ら守らなければ事件に巻き込まれるのだ。

皮肉にも「Yellow Cab」といわれる本が、アメリカでも有名になった時であった。「Yellow Cab」という本はまず先に日本で有名になったらしい。日本女性は黄色人種（アジア）で、誰にでも声を掛けられると付き合うというイメージなのだとアメリカ人学生から教えられた。この言葉は好ましくないと、友人に聞いたことがある。こうまで日本人が日本人女性のイメージを悪くする本を出す事が理解できなかった。日本人女性が、性的解放感や生活開放をもとめてニューヨークに住んでいる日本人女性を、一人一人取材する内容であった。彼女らの渡米した動機や現地生活が書かれていたが、タイトルが問題だった。日本人学生たちの中には勉強をする者も多いので、この本のタイトルは真面目な学生にかなりの影響があったと思われる。一度作者にこの件を確かめてみたい。当時は日本の経済成長のおかげで、若者も海外にも多く出かけていたのではないかと思うが、彼女らはアメリカで確かに目立った。

日本から留学して来た男性大学院生といえば〝どの先生が良いですか〟とか、自分で情報を取る努力もしないで簡単に人に聞いてくる。自分の足を使って経験をしないと、留学で生活力がつかないのに便利さを求め何時も人に聞けばよいと思っている。目線が上に向いている態度だった。多くの日本人は経済的に困らないので、危機感を持つ必要がないのかもしれないが、日本人の行動を見ると、苦労しないで済ませる要領のよさとずるさを感じた。

個人的にも大きな事件にあった。留学生活にも慣れ給料をもらうようになったから、車を持ち、住まいの道路わきに車を駐車していた。ある朝、外出しようとすると車の窓が壊されていた。見ると車の中に備えてあったカーステレオがなくなっていた。まだ新しい中道というスピーカーだった。時間の都合がありすぐ車を出し、しばらく8レーンの高速道路の真中を走っていると後ろから風を感じた。後ろをみるとドアが閉まっていないのに気づいた。盗んだ時車のドアをしめわすれたのだった。あわてて右のレーンに車を移動して停車した。今夜もまたちがうものを盗みに来ると予想して、夜中に武器をもって侵入者を待った。朝まで待ったが来なかった。アメリカではどこに住もうとも事件が起こるのだ。いつも危機感をもたないと、いざというとき自分を守れないことが多い。

五　日米安全保障のクラス（大学院）

この本を書いている間に、日本政府は幸いにも民主党政権から自民党政権に変わった。私は大学の講義をしながら、社会が明るくなったと感じた。理由は政府に対して期待がもてるようになったからである。民主党政権時代はメディアから流れてくる情報は暗いものばかりで、政府と国民の意思がまったくかみ合っていなかった。この期間に日本は国益をかなり失ったと感じた。最近は企業の収益も円安で落ち着いているようだ。そんな中、昭和45年から自民党が念願としていた憲法改正が次回の選挙の公約になっていた。だがまた野党や民主党、日本国民の一部が反対している。また今まで国民の間で議論が交わされてきたが、国民は簡単にメディアに流されるので、もう少し自分で勉強しなければならない。自分の国をどう守るのか、国民の間で理解されていない。その日本国憲法について、アメリカの大学で講義を受けたことを思い出した。

日本がテーマになるJapan Studies学部と学府がアメリカの大学に設立された。当時のクリントン大統領が、経済の立て直し政策の一環として、日本を徹底的に研究するという目的で設立したらしい。この研究によりクリントン政権の経済建て直し政策の成果が全米で期待された。クリントンは日本人学生にもわかるほど日本嫌いだった。明らかに誰もがこの事を認識していたが、当時中国寄りの政策をとっていた。今もなおアメリカ民主党政権は、その方針は変わっていないようだ。当面の目標であったアメリカ経済は少し回復した。その日本研究学部はいろいろな文化や政治、経済などのクラスを開講したのだ。

その中の科目の一つに、大学院レベルでは珍しく日米安全保障のクラスがあった。当時から個人的に日米安全保障問題には興味があったので、難しいのではないかと不安に思いながらそのクラスを履修した。教授は黒ぶちめがねをかけた白人男性で60歳手前と思われた。実際に教授の研究室に入ると、日本語の本がずらりと棚に並べられていた。日米安全保障関係の本や日本の憲法関係、そして、太平洋戦争後の本などもたくさんあった。教授は日本語が話せると思ったが話せなかった。戦後日本へ行ったことがあると聞いていたので、親日家と思ったがこれも大きな期待はずれで、学生である自分に対して無愛想で、なんとなく相手にされていないような感じがした。格好からして短い髪、スーツ姿、痩せ型で笑顔が全く無かったことを今も鮮明に覚えている。

講義中の教授は椅子に腰掛けずに立ったままだった。ほとんどの学生はアメリカ人で、日本人は自分だけだったが、日本人学生は歓迎されていないと感じた。多分日本人がいると好きなことが言えないし、まずいと思ったのかもしれない。第1週目から日本の憲法について講義は進められた。まず、そのK教授は日本国憲法の本を学生全員20名の前に持ち出した。教授は日本国憲法の本を高く掲げて、「薄っぺらだ」「幼稚だ」と口にした。当時のGHQが作ったものではないかと反論しようと思ったが、口には出さなかった。戦勝国のアメリカ白人がまた黄色人種をこけにしていると感じた。ほとんどの白人の学生たちの多くは教授の言葉に反応して笑い声をあげた。クラスの全てがお互いに同感だという態度だったが、日本人として、このとき即座に対応しなければならないと焦った。「ふざけるな!!!　この日本国憲法はお前達が作成したものを日本人の政治家に押しつけたのではないか」と発言しようと手を上げかけた。すると私の隣に座っていたイギリスの白人男性の大学院生が突然発言した。「その言葉は大変失礼だ。日本は自分の国と同じように米国より長い歴史がある国だ。その国に対して、たった200年の歴史しかない国から憲法を貶められるのは理解できない」発言内容は私が言おうと思ったことと少し違ったが、教授に対して意見を言ってくれたことはうれしかった。だが教授からの反応は一切無かった。他のアメリカの学生から、教授の擁護をするかのように小さな発言があった。これぞ実際のアメリカだと思った。

東京空襲、そのほかの都市に対する多くの空襲、広島、長崎への原爆投下、そして無抵抗の市民何十万人を殺したアメリカ人の真の姿を見たような思いだった。戦後、本音と建前が違うと日本文化を批判した米国が、まさに今も本音と建前をしっかりと区別しているのだ。講義後、そのイギリスの学生に直接お礼を言った。

その後の講義内容はそんなに目新しい情報はなく、1冊の印刷された冊子を読んでいくだけのクラスだった。最後に論文を書くことになり、日本がアメリカと戦った動機について書いてみた。太平洋戦争はどう見ても日本が独自に戦略を考える前に、大きな原因があったはずだと思っていた。アメリカの大学で学部生の時に日米歴史も学んだので、日本が戦争を始めた背景について少し知識があった。ある教授からも仮説として「バックドア論」を聞いたこともあった。日本民族は客観的に見ても、何かがないと短絡的なことはできない民族だという信念が自分にあったので「バックドア論」を論文として書き提出した。太平洋戦争の全責任は日本にあるのかというテーマで、真珠湾攻撃はアメリカから促されたものだという仮説を持ち上げた。この太平洋戦争は人種差別への抗議と戦争を促された結果であり、政治的なものだという私の考えだ。結果は期待はずれで〝B〟だった。しかし、このクラスのおかげで目が覚めたのだ。多くの日本国民は米国のこのような教育現場を知らない。教育現場には偏見があり、事実ではないことが現在も多く教えられている。戦後苦しい時に甘いチョコレートをくれた国だと、いつもアメリカに感謝と期待をしているのは日本人だけだ。日本国憲法は改めて正さなければならないと国民がこれを認識しなければ、この国は守れない。戦後はすでに終わったと思われているが、日本国民の中ではまだ完全に終わっていないと思っている。

日本人としてしっかりとした信念をもたないと外国では生きていけない。アメリカの大学院で私が見たことは、日本の大学ではありえない事だと思う。

最近日本では日米安全保障問題が課題となっている。安保反対とデモをする学生には留学をすすめたい。もっと日本を外から見ると考えも変わる。隣国に毅然とした態度を示さない過去の政治家のおかげで若い学生は海外で苦労するのだ。米国に依存せず、隣国の言う通りにはならない国にしなければならない。そのためには国家意識を持つ教育者の存在が必須であるが、この分野の遅れのため、日本の真の国際化教育が現場でゆがめられているのが現状だ。

六　多文化教育のクラス

アメリカの民族学を学生に学ばせるために、多文化教育学の履修を必修とする大学が多い。アメリカは移民国家で、以前はアングロサクソン優先社会のメルティンポットだったが、1980年代になると、個々の言語文化を誇りに思えるようなサラダボウルに変化したらしいが、ある学者が言うようにもともとサラダボウル社会であったかもしれないが、アメリカの教育は移民とその母国文化と言語を尊重するようになったと言われる。

実際にキャンパス内でも変化が起きていた。かつてアメリカは人種の坩堝《るつぼ》と言われ、移民側がアメリカ文化に早々に同化するというのが自然であった。ところが、1980年代になって研究が進み、人種の坩堝というのは違うのではないかという研究者の論文が書かれ始めた。サラダボウルといわれるように、それぞれの民族が言語やそれぞれの民族の歴史に誇りが持てるような教育カリキュラムへと変化した。それからアメリカではAsian-AmericanとかJapanese-Americanなどと呼ばれるようにハイフォン付きになったが、それもこの社会の認識の変化の現れである。現在のアメリカ人は、単に白人国家のアメリカ人ではないのである。実際、すでにアメリカ人口の6割がブラウンアメリカと言われている。

私も日系教授のクラスに興味をもち、日系移民学のクラスも取った。韓国人移民は歴史も浅いので教師は存在していなかった。移民で一番古いのは中国人、そして、日本人は歴史も長い。中国系アメリカ人研究者のクラスのテーマは"China Town"の研究が主で、白人男性の教授は北欧の祖先をもった研究者だが、日系移民歴史の研究もしていた。学部生は全員必修の米国多文化教育学クラスを履修しなければならない。私が選んだこのクラスはアジア人移民とその歴史で、担当は中国系アメリカ人で、背の高い女性教員だ。彼女は白人アメリカ男性と結婚していたが名前からはそれは見えない。ある時、学生からなぜ白人と結婚したのかと聞かれていたが、彼女からは明確な答えは聞けなかった。よくしゃべる教師で、中国語も話せるようだった。彼女の英語の発音の響きに中国語のアクセントが感じられた。クラスにはアジア系アメリカ人の学生が多く履修をしていた。特に韓国系アメリカ人と中国系アメリカ人が目立ち、日系アメリカ人や東南アジア系、ベトナム系のアメリカ人等は少数派だった。

ある日突然、このクラスに日本から留学してきてまもない女子学部生が出席した。2回目の講義からの参加だった。彼女は目に青いコンタクトレンズを入れ、髪も金髪に近い色に染めていた。彼女が教室に入ると急にクラスがざわざわとした。すぐに教師は彼女に自己紹介をするようにと指示を出し、彼女は英語で自己紹介をしたが、日本から最近アメリカへ来た学生に見えた。アメリカでの生活経験が薄く、アメリカ社会の通念をまだ知らない様子だった。逆に日本から来たことを彼女の言葉から自慢にしているようにも思えた。彼女は日本中心の態度で謙虚さがなく派手さが目立った。それを彼女自身はよいと思っていたに違いない。クラスの学生たちは、なぜかアメリカの移民ではないものと移民であるものと区別をしているようだった。このクラスは未経験な日本の若者にとって厳しい洗礼だったようだ。学生の一部がいっせいに彼女に向かって質問を始めた。私は少し緊張した。彼らの質問に答えられるように、彼女を弁護したかったが、それを許さない群集心理がそこにあった。教員は私のほうを見て何か合図をした。助けるようにと言ったのかもしれないが、一瞬理解できなかった。質問の内容は「なぜ目を青くしているのか?」「日本人としてアイデンティティーはないのか?」「なぜ髪をそんなに染めるのか?」などであった。本人はそれでも冷静に説明していた。この目の色は日本では流行になっており、ファッションだという答えだったが、ファッションという回答を学生たちは理解できなかったようだ。彼らの移民心理とかみ合わないのだ。追い詰められた彼女はついに答えられなくなり涙を流した。突然の彼女の涙で質問はなくなった。とても悔しかったのだろうと思った。

クラスの終了後も、なんとなくクラスは若い日本人女性を理解できない雰囲気だった。私自身このクラスの雰囲気に納得できなかったし、今日のクラスで私は何かを学んだが、日本人としてクラスに説明もできない弱さも感じた。教員も今日の出来事はひとごとのように思うのか笑顔だったが、無責任にも自分の意見は最後までクラスでは言わなかった。クラスは移民の一人として誰もが納得していないようだった。日本で生まれた日本人にとって特殊なファッションが、アメリカ社会で理解されなかった。日本人の外国へのあこがれ、アイデンティティー不足、国家観不足が日本人の弱さを露呈したと思った。明らかに彼女のほうも対話訓練不足だった。

韓国系アメリカ人は、このような形でクラスの中にいる日本人を特に攻撃するのは初めてではない。では、アイデンティティーが重要ならば、なぜ韓国人はよく整形をするのか。現実に整形は行われ、これもファッションなのでは？　音楽も米国の影響をたくさん受けている現実があるではないか。これを突きつけられるとどう答えるだろうかと、聞いてみたいものだ。中国人も最近整形をしている人が多い。結婚や就職に有利だからだといわれる。中国系アメリカ人学生の彼らもどう答えるのだろうか？　日本人は正直すぎて隣国と戦えない学生が多く、したたかさが不足しているようだ。

次のクラスで韓国系アメリカ人は彼女のような日本の若者の姿を見て理解できないとコメントをした。彼らの多くは移民となって何年もアメリカで過ごしているからこそ、それぞれの国のナショナリズムが大きく関わってきている。中国や韓国系の発言がメディアに出る事が多くなり、アジア系アメリカ人のなかで日本人学生はますます孤立していると感じた。この分野の教育が日本で開講できたらと強く希望する。日本国家の否定を押し進めてきた左派勢力のインテリ社会が今も日本に存在し、日本の歴史観や国家観を否定する教育をしてきたことによって、このようなことに太刀打ちできない多くの若者が育った。日本ではこの生まれもっているものは変えることはできないし、民族的なアイデンティティーをファッションとして受け入れているようだが、現実的には全てを精神的なレベルにすり替え、現実を直面することを避けるようだ。海外社会はそうはいかないことを理解したほうがよい。

七　多文化共生社会

アジア系アメリカ人について少し説明をしたい。学生のほとんどが2世か、あるいは子供のときに移民した1世たちである。親よりも早くから英語が話せて親を助けている。政治難民や経済難民のように、よりよい生活を求めてアメリカへ渡ってきた人もいる。特に韓国系アメリカ人は難民ではなく、商売を求めて成功している人が多い。より豊かな生活を求め移民をした学生たちが、現地のアメリカ人の学生よりも経済的に豊かに見えるのも現実である。週末のダウンタウンへ行くと、アジア系の移民の人たちが買い物をしたり、食事をしたり、にぎやかな家族姿が多く見られる。ここがアメリカとは信じられないたくさんのアジア系移民が楽しんでいる。

バブル経済の頃日本の生活はまだまだ豊かだった。若者はよりよい生活を求めて外国に行く必要もなく、政治的難民でもなく、これといった理由もなく、移民する必要がない。その結果、今は日本の若者の留学離れが著しい。経済力でなく、苦労を避ける傾向であろう。しかし、日本から企業人として海外で働いている人、家族をつれて海外赴任をしている人、それに留学した人の一部には、海外生活をすることが自分の人生に有利と納得した上で生活している人がかなりいる。他国からアメリカに来た移民たちの場合は、母国の経済や政治が、移民先のアメリカや大学キャンパスの中まで影響を及ぼしている。あの日本の女子学生は多文化教育のクラスで批判されたことによって、自分に起こったことが何であったのか、日本と違うことが何であったかを理解できていたらと思う。

八　大学院教育と進路

学士号を取得したが、初年度から主に医学前教育の生物学を勉強した。医学部を目指していたが、医学は修得するまでにたいへんな時間がかかる事が分かり、その勉強期間の経費を考えるととても進めないと思った。そのため社会科学方面に進路変更をした。修士の2年間は教育学に進み、主にカリキュラムと教授法を選択し、第2言語教授法と英語学を研究した。大学院に入る時、また英語と入学試験があった。それはとても難関で、入試勉強も大変な思いをした。

修士課程は研究方法を主に訓練させられる。文系も理系も関係なく研究者に育つための過程だった。指導教授も決まり、カリキュラムが組まれる。日本の文系のように自分で勉強する事はなく、クラスも多く単位を取得するだけで忙しかった。大学院の専門クラスは主に理論と議論を集中的に学んだが、先人の理論の偉大さを大学院で思い知った。修士課程は2年で終了しなければならなかった。常に指導教授との連携が必要だったので、深い人間関係にはならないが、厳しい教育指導のチェックで大きな信頼関係ができた。それから5年間の博士課程に進んだ。教育学を選んだ理由は確実に教育博士（Ed. D.）だけではなくもっと学問を広くとらえる「Ph.D.」を取得でき、どの社会にも貢献する機会が多く、この学問や研究が日本でも教育に応用できると思ったからだ。

教育はこれからの世界を担うために一番の投資の場所だと思った。国を強くするのは教育だとアメリカの大学へ来て確信し、途中であきらめずに学生として卒業式を合計3回経験したが、時間とともにもっと長く研究したいという意欲がもてるようになった。違った方向から教育教授法や教育理論をできるだけ習得しようと思い、もっとアメリカの教育現場を経験したかった。

大学院教育学でカリキュラムと教授法を専攻した。教授達は白人、黒人、日系、ラテン系といろいろな背景を持っており、教育面では独自の理論を展開していた。ほかにも教育心理学、教育政策と部門が分かれていたが、教育学は非常に幅が広く、参考として読みたい本がたくさんあった。渡米しただけのことはある有意義な学生生活を送れたと思う。はじめの頃は英語も大変だったが、何年も続けていれば慣れるものだ。一番感謝している教授の一人V先生はラテン系の准教授で、留学生からとても信頼されていた。V先生はよく学生の相手をしていた。この教育学大学院コースでは、英語の第2言語教授法や学生背景と教授理論を中心に学んだ。教師になることを前提とした教育方法であった。教育学府は英語学府の教授陣と連携しながらクラス実践をしたので本当に興味をひかれた。カリキュラムが効果的に組まれており、バイリンガル教授法もふくまれていた。少数民族を対象にした教授法も中心に教えられており、大学院の教育は大変だったが、私にとって有意義であった。

大学院での生活は研究しながらも社会奉仕の義務があった。よく考えて難民教育に携わる事を決めた。大学キャンパスから離れたところまで週に2度くらいバスで通った。その事務所はアメリカ政府が運営をしていた。これはかなり忍耐が必要だった。しかも中心街から離れ治安が悪い場所にあったので、そこへ半年間バスで通い続けたが、不安がいつも伴った。これで奉仕活動は認められ賞をもらえた。

ベトナム戦争後、東南アジアから多くの難民がアメリカ各地にやって来た。ベトナム人や中国系の人たちもいたが、いろいろな民族が難民になった。「ボートピープル」と呼ばれ、ベトナム人とばかり思っていたが、ボートピープルの中には中国民族もいたらしい。彼らの一部が北米に住み、彼らはいつも家族と一緒で、アメリカの新天地で文化や英語などを家族と学んだ。私はそのクラスで英語を教える活動に従事した。

この奉仕活動は自分の将来を見つめるきっかけになった。多文化教育を実践する場所になった。本で学ぶことも大事ではあるが、アメリカ社会と連携しながら研究ができる喜びを感じた。当時はこの経験が日本に帰って役立つかどうか、わからなかったが、アメリカから日本の四国へ渡り、フィリピン人の農村花嫁について研究をすることをある教授から勧められ、何度か現地に出向いて取材や調査などを行って応用研究ができ、研究者の卵として大きな自信がついた。

(五)　大学外の生活

一　貧乏な学生生活

私は奨学金に縁がなく自費留学だった。現在のように、多くの日本の学生が学部を終えて修士のみ習得するために留学をするのとは全く違った。つまり私にとって留学は飾りではなく、人生をかけていた。アメリカ留学制度は日本の留学制度と違っていた。1980年代の日本から向かった留学生は、学部から始める海外留学を目指した学生がかなり存在した。日本人留学生たちは、それほど学ぶ覚悟とたいへんな努力をし、どこでも生きる力をつけたものだ。今の国内外留学生の多くは日本政府、大学、何らかの奨学金を利用している。返済しなくてもよいという甘い制度で、責任が問われない決められたレールの上をただ歩いているように思う。

当時の日本政府は外国人に賄賂のように多額の奨学金を配り、日本へ彼らを招いていた。われわれ現地の日本人学生は奨学金の情報もなく、時には個人的に領事館を訪れて文句をいったこともある。それほど海外にいる日本人留学生は大事にされていなかった。政府の支援方法は外国人によく、特にアメリカ人にお金を配り、さらに日本にきても手厚くお客様扱いしていた。今も日本の大学の留学制度やＪＥＴプログラムも同じことが起こっている。日本人学生の中には、苦労して成長して日本へ帰っていったものがたくさんいた。また現地に残りしっかりと働いているものもいる。例えば、会計士となった人たちは、海外の企業を回って生活している人もいる。東京大学を卒業して大企業に就職しながらもそこを退職し、家族一緒に留学した人もいた。彼は今、飛行機作りに力を入れ成功をしている。当時の彼らの多くはまっすぐに夢を追って、人生をかけてアメリカで実力を身につけたものだ。そして彼らはなんらかの形で日本を支えている。

日本で大学学士を終えて、修士号を求めてアメリカに来た学生たちは、箔を付けるために留学をした学生も多い。よくその日本人学生から質問を受けたが、彼らから生きる力とか必死さというものは感じられなかった。この要領のよさはいったいどこから来るのだろうか？

彼らは何を学びたいのであろうか？　日本の大学で何を学んできたのだろうか？　われわれのように当座の資金しかなかった者は、生きるために必死の努力をしなければならなかったが、彼らはいったいどんな留学生活をおくるのだろうか？　奨学金を持たないものは掃除屋、ウェイトレス、通訳、そして秘書などといろいろなことをして生き抜くのだが、身分は学生というだけで技術もなく、自分のプライドを考える余裕もなかった。お金を稼ぐという事は、日本と価値感の違う社会で働き賃金を貰うことなのだ。これによって生きる力が養われたのだった。

二　着物でウエイトレス

生活のためにウエイトレスの仕事を始めた。はじめての経験で日本食レストランを選んだ。料理の名前や料理方法もある程度お客さんに英語で説明できるので採用された。体を動かす現場仕事が自分に合っていたが、一番大きな理由はレストランで1食は食べさせてもらえるという利点があった。入ってみると雰囲気が日本のレストランとはまるで違っていた。そこのレストランは日本タウンの中心にあり、日本からやって来た日本人がくつろげる場所だった。また料理職人さんたちが、お互いに助け合っていける集落ともいえる場所でもあった。もちろんその隣に中国タウンもあり、東洋人が助け合って生活していた。

そのレストランの料理価格は全般的に安い。レストランのオーナーは中年女性で凄みがあった。九州出身で男性のような性格ではっきり物を言い、とても好感が持てた。ウエイトレスは8人くらいだった。世代の古い日本人の女性たちも数人いたが、彼女らは太平洋戦争後米国の軍人と結婚してアメリカへ来た人たちである。そして、米軍兵士の韓国人妻、新しくアメリカへ来た日本人など、いろいろなアジアの国から来ていた。厨房も日本人男性が多く、年配者から若者まで働いていた。どこの出身などと、一切お互いに聞いたり言ったりしない暗黙のルールがあった。

午後4時半頃から仕事に入ると、午後だけれども「おはようございます」の挨拶で始まる。着物のお古を着て髪を直し、身なりを整えた後は皿をたくさん並べサラダを盛る。各テーブルの調味料をチェックし、テーブルを準備する。ここで覚えた仕事は今も大変に役に立っている。注文の仕方や挨拶など、先輩がしているのを見て学び、自分で何とかこなす。もちろん会話は英語であったり日本語であったりで、とても楽しい経験になった。足袋と、草履を履くので着物の作法も学ぶことができた。

早い時期に渡米した日本人ウエイトレスの女性からいろいろなことを学んだ。かつての有吉佐和子の小説『非色』の世界だった。日本人町のウエイトレスの彼女らは１９５０年代、60年代、70年代頃から移民をした人たちで、着物の着方も性格もピシッとしていた。言葉もはっきりとして、てきぱきと無駄ない動きをした。愚痴は言わないし、いろいろなアドバイスや注意はその場ではしてくれない。仕事が終わってから聞くと答えてくれる。この経験でカルチャーショックはすこしずつ回復に向かっていたようだ。

当時、客の多くは日本航空のクルーや日本企業のビジネスマンが目立っていた。おかげで日本語が恋しいとは思わなかった。お酒が入った年配の男性からは人生の説教をきかされたが、彼らの話には説得力があり興味があった。このようなレストランや飲食店は必ずチップがもらえる。この時給以外の収入があることで、本気で働く気になった。仕事が終わり、チップを平等にウェイトレスの中で分配し、その他に、何割かを厨房の方にも分配する形をとっていた。ある時どうしても何人かでチップの額を割れず半端が出た。年配の女性たちは、あきらめずに１ペニーも妥協しなかった。これはケチだからではなく、彼女らのプライドの主張だったと思える。あるとき、お客さんがチップを置かずに会計を済ませて帰宅しかけた。するとある従業員が客を追いかけて説明し、チップの礼儀を教えていた。これはすごい行動を見たと思った。彼らの多くはまっすぐに生きており、純日本人の先輩たちを見て感激した。

さらに感激した事がある。そのころ大学内を白い制服の帆船日本丸の学生たちが団体で歩いていたのを見つけた。素晴らしい光景だった。すぐに近寄り日本語で挨拶をすると丁寧に敬礼をしてくれた。なぜかそのとき涙がこみ上げた。彼らがとても眩しく美しく思えた。私の心に日本人という誇りが芽生えた瞬間だった。自分の民族ルーツとアイデンティティーを意識した。

三　病院で治療

医療保険を持っていない人が多いので、アメリカの人は多少の病気では病院にいかないようだ。日本ではよく歯医者に通ったが、アメリカでもよく治療してもらった。治療費が高く、長い時間がかかっても一度で治療が終わるので助かった。アメリカの歯科医は私の日本で治療をした歯を見て、日本の歯科医のレベルが低いとよく批判した。米国の歯科医は専門に分かれているが、専門歯科医になるまでに相当の期間と訓練を受けている事がわかった。訓練にかなりの年数をかけているので治療も信頼できた。また、訴訟もよく起こる国なので注意をしていた。

アメリカ人の体は大きいので、小さい日本人には麻酔量を半分にしないと利きすぎるから半分にしてほしいと頼んだ。何も言わなかったら、心臓がばくばくすることがよくあった。ある時、大腿部の炎症を起こして、その傷を切除してもらったことがあったが、手術は1時間ほどで終わった。治療後、必ず付き添い人がいないと帰宅させない規則があったので、すぐ帰宅することができなかったが、その治療費が結構高かったのでびっくりした。保険に入っていなかったため、キャッシュ不足でクレジットカードで支払った。

婦人科に定期健診にクリニックへ行ったことがあり、それからクリニックから定期健診の知らせがきた。それ以外は検査などでクリニックに行くことはなかった。ほとんどのアメリカ市民は経済的な理由で自己健康管理をすることに慣れている。日本のようにサプリメント宣伝は多いが、アメリカでサプリ宣伝をテレビでは見なかった。しかし、現実に健康サプリ店を市民の多くが利用していた。米国民は当時でもそれぞれが健康管理していたのには愕いた。週末になれば公園でジョギングやテニスや運動をし、自然に触れながら日光浴をする若者が多かった。

普通の場合患者はクリニックで検査などを受けてから、総合病院へ入院をする。クリニックでの診療時には必ずドアを閉めないがプライバシーは守られ、時間もアポイントメントで設定される。セクハラ疑惑がおこらないように医師は看護師のいる中で検査診療が行われた。

四　アメリカ社会と日本人

ダウンタウンには日本系、韓国系、中国系、台湾系などいろいろな町がある。小さいながらもお互いに商売をしながら生活をしている。そこへ行くと戦後移民時代の名残りが至るところにあり、建物も古く歴史を感じさせる。そこにさらに次世代の新移民が参加してお互いの経済が成り立っていた。特に1980年代後半は日系企業が先を争って米国へ進出した時代だった。日本から留学してくる若者も多かった。今は日本人にとって代わり中国人、韓国人が多く、人口の割合も1、2位を占めている。その頃の日本人は貧乏学生が多く、ビザなしでバイトをしながら勉強する仲間がたくさんいた。

当時の日本人のビジネスマンは英語が話せなくとも、経済力で物を言っていたような雰囲気もあった。普通の飲食店でのランチで20ドル札のチップをテーブルに置いていく日系ビジネスマンを見た。たいていの貧乏学生がその光景を見て腹を立てたようだ。アメリカ庶民もそれを見ていた。アメリカ人社会はチップの相場があるのだが、日米間に経済摩擦があり、日系企業の社員はできるだけ気を使っていたらしい。日本人の企業マンはアメリカ車に乗っていたが、スーツを着て、めがねを掛けた日本人ビジネスマンのイメージが、この頃から世界に植え付けられたようだ。

アメリカだから自由があるからと言って心から楽しむことはできない。危機管理もしなければならない。ここは外国である、日本と同じように考えていては帰国出来ないかもしれない。もちろんお金がないと生きていけない社会だった。

五　アジア系（韓国人）のナショナリズム

ＲＡ（リサーチアシスタント）になってから、週末は学生同士で安い小さな日本食レストランへ行く事もあった。韓国系のレストランで日本の名前で経営しているので、入ってみると雰囲気が日本とは違う。その中にカラオケもあり、当時は日本式カラオケがアメリカで流行していたので、大体どこもカラオケを取り入れていた。しかし私は勉学一筋で経済的にも余裕がなかったので、１９８０年頃からは歌とは無縁であった。

ある日の夕方、仲間とそのレストランへ行くと、韓国人がほとんどのテーブルを占めていて、韓国人の青年がカラオケを歌っていた。次に順番を待っていたアラブ系の青年がマイクを手にした。そして、マイクで韓国人が歌った歌が上手くなかったと言ったのだ。するとその瞬間、店で飲食をしていた韓国人と覚しい10名くらいの全員が立ち上がった。韓国語で大声を出しながら、そのアラブ系の男性に数人が詰め寄った。詰め寄られた男性は、酒に酔っていたので抵抗する力がないのに、その青年に韓国人2、3人が容赦なくビール瓶を床で割り、襲い掛かった。青年は顔を殴られ血が少し出ていた。店主がすぐ警察を呼びポリスが数人やって来た。すると今まで襲い掛かっていた韓国人たちはどこかへ一斉に消えた。アラブ系青年は警察に保護されその現場を去った。しばらくして警察が去り、散らかった店内にその韓国系の若者が静かに一人二人と戻ってきた。そして、彼らは店内を掃除し始めた。あっという間の出来ごとで言葉が出なかった。この店でみた韓国系のナショナリズムに怖さを感じた。日本人にはあり得ないことだ。戦後、日本人は日本人に無関心で、日本人であるというアイデンティティーすら持てず、外国では日本人であることを隠すような教育をさせられてきた民族なのだ、とその時韓国系の青年達から教えられた。

六　韓国人学生の嫌がらせ

学生の寮生活はいろいろな国から来た留学生といっしょに住まなければならない。共同生活がないと留学の意味がなくなってしまうと思う。前にも述べたが学校の寮はシングル、学部生、夫婦のアパート寮、大学院生の寮とアパート等、いろいろな選択があった。はじめは荷物も少なくシングル寮で頑張った。4人生活で共通のリビングルームがありテレビもあった。個室は多分3畳くらいの部屋で、インターネットも電話もつながるように配線がキチンとされており、もちろん鍵がかかった。台所には大きな冷蔵庫があり、流しとコンロ（4つ）、オーブンなど何でも料理できるようになっていた。このとき、韓国系アメリカ人が大きなキムチのジャーを冷蔵庫に入れていて、冷蔵庫を開けるとニンニクの匂いが食欲をそそっていた。誰もその匂いを嫌がるものはいなかった。ルームメイトの韓国系アメリカ人女性はキリスト教信者だった。とてもよい性格で友だちになれた。私もキムチの作り方を彼女のお母さんから学んだ。お互いに会話をしながらお互いの文化を学び、勉強の邪魔をしないというルールで快適な寮生活だった。寮生活で人種差別問題は起こらなかった。

　その反面、アジア系からの差別を経験した。20年もアメリカに滞在すれば、人間関係においても、道徳的な問題に敏感になるもので、生活がだんだん難しくなることもあった。大学院（graduate school）に入り勉強が忙しくなり、学校に近いもっと安い個室アパートに住むようになった。そこにはプサン出身の韓国人女性が住んでいた。しばらくしてから日本人という理由だけで口をきかない。そしてドアの開け閉めにわざと音を立てるような荒い態度を日本人だけに見せる。それだけではなく大学内の韓国人グループと連携して、日本人学生に対してこそこそありもしない噂を流す。いろいろな悪口を言って回り、陰湿な嫌がらせをする。やり方が幼稚で、典型的な韓国人の意地悪だが、これがはじめてではない。韓国内での反日教育がそうさせているのであろうか？

　日本に帰ってからの話であるが、ある週刊誌で日本人が韓国でスポーツをするとプイッと無視されるが、韓国人が日本に来ると日本人に笑顔を振り撒いていると書いてあった。一体韓国は、どんな教育をしているのか興味を持った。

　しばらくして私は韓国人に対して反撃行動に出た。我慢をしないで、その意地悪は通用しない事を知らせたかった。翌日から徹底的にその女性を無視し、挨拶もしない。学内でも優位に立てるように勉学をし、特に韓国人に絶対に負けないように頑張った。まず一番に考えた事はPh. D.を誰よりも先に取得することだった。卒業式に当然に彼女らはいなかった。

多くの日本人は韓国人の反日行動がどんなものか理解していない。個人レベルでは米国で何度も何度も反日攻撃を受ける人がいる。アメリカ人から差別されるのは人種差別、語学差別などがあるが、アジア系からの差別は何の差別かと言われれば定義がつけられないが、これが反日教育のなせるわざだと思う。これは今は定義づけられる。それは人種差別である。

韓国系移民たちは、航空会社のカウンターや本屋さんのカウンター、移民管理官も韓国人の新2世たちが仕事に着いている。ときには「なぜ日本人は韓国に興味を持つのか理解できない」などと、平気でそんな会話をしてくる。彼らから日本人が不当に扱われるケースをよく目にした。韓国人経営のクリーンニング屋が大学の近くにあるが、そこへ出したものを取りに行くと、ウールのコートをめちゃめちゃにされた学生がいた。抗議しに行っても責任を取ろうとしない。道徳を教えられていないのか、又はこれが国民性なのかと心から思った。韓国人を完全に避けるようになった学生は多くいた。どこへ行ってもまず韓国人かどうか確かめるようになったが、これが身を守るための安全策だからだ。

韓国人経営のレストランなどをよく見かけた。中国人や韓国人は、反日行動をするくせに日本の居酒屋や有名店の名前を許可なく使用していると先輩たちから聞かされた。日本名を見ておいしそうと思ってレストランへ入ると味が違う。アメリカでもパクリのようなことをして利益を得ている。レストラン名を日本風にし、メニューにも平気で日本の名前を使用している。日本人の経営だろうと思って入ると、とんでもないことがたくさん起こる。日本人には態度が悪く、それでもプルッとして罪の意識は全くない。とても落ち着いて食べる気持ちにはならない。日本人が逆に同じことをしたらどうなるであろうかと思う。反日思想を持っていながら、もうかると思えば、「東京」とかの名前を使い、日本名の料理屋などを経営している。しかし、残念ながらアメリカ人や外国人は本当の日本の味は分からないし、見た目や言語では民族の区別など彼らにはわからない。

　これからの日本人の若者はこのような国内外で起こる理不尽なことにひとつひとつ戦っていかなければならない。外国に来て初めてこのようなことを経験しないようにそろそろ日本人は教育で立ち上がるときだと思うが。

　一度ある新聞に韓国は「恨《ハン》」の文化だと書かれていた。個人的に韓国人から意地悪をされた理由は反日教育が韓国、北朝鮮、そして中国で常に行われているからだと思っている。墓場まで植民地時代の恨みを持っていくと学生から聞いたが、日本人は、恨んでいた相手が死んでしまうとそのうらみは忘れていくものだとも言っていた。日本では過去に誰かが誰かに何かの罪を犯したとしても、次の世代まで持ち越すことはまれである。

　留学先で、ある若い日本人男子学生が韓国人に頭を下げて「申し訳ありませんでした」と過去の歴史について謝っているのを路上で見たことがある。ショックと同時になぜ彼が謝るのだろうと理解できなかったので理由を聞きたいと思った。個人的に韓国は理解できないし、中国も理解できない国だが、理解しているのかどうかわからないその男子学生に、韓国人に対してこの問題を投げかけられても公共の場で頭を下げて謝ることはやめてほしい、と強く願う。まず歴史を学んでからだと思うのだが。

日本の若者が、自国の現代史をろくに学ばず、歴史問題に無防備状態で、米国に留学してきて、韓国人学生に詰め寄られ、なすすべを知らずただ、ひたすらに謝っている姿は異常である。この歴史問題については、日本では戦後からずっと、何が問題であり、何を教訓にすべきかを十分に学校で取り組んでいなかった経緯がある。その背景には日本の歴史教育には公権力が介入して特定の歴史観を強制すべきではないという考えがあるからだ。しかし、日本でもっと歴史問題を学生に教えて海外へ送り出すべきである。特に大学から奨学金を貰っていく学生には、教育として実体状況を伝えなければならない。正しい歴史観を持って自分の尊厳をかけて反論が出来る力を身につけさせるべきであろう。

個人的にはどの民族であろうと誰であろうとも公平に付き合うものと思っている。どのような生き方をしているのか、またどのような価値観を持っているのかによって相手を理解して付き合うことにしていた。相手が中国人であろうとも、認めた人とは付き合いをしていた。しかし、いつまでも過去の歴史に対して頭を下げるつもりはない。それよりも日本は未来を見つめなければならない。留学経験においてよかれと思うことはどんどん学生に伝えていきたいと思っている。

第二章　移民国家のアイデンティティー形成

アメリカ社会で生活し始めると必ずと言ってよいほど、自分のアイデンティティーを考えさせられる事が多い。それは基本的に母国で味わうことのない、人種差別の行為を受けることがあるからだ。ダイレクトにくる人種差別と、その場ではわからないで後で気がつく人種差別もある。残念だが、時代が変わってもわれわれ日本人を差別する行為は消えない。

(一) アイデンティティーを考える

一　人種差別事件

日本企業が北米に進出してきた頃、当時アメリカは、民主党政権クリントン時代である。クリントンはアーカンソー州出身で、ドイツ系アメリカ人だと言われている。夫人も弁護士出身で、以前は分厚いめがねをかけていたそうで今とは別の姿であった。その政権下で日系企業は、進出時には市民に気を使い、いろいろな方面で寄付をした。当時は米国との間で貿易摩擦があり、アメリカ人の反感を防ぐために、社員一同アメリカに気を使っていたらしい。そんなとき、私に日系企業と米国企業の合弁会社の秘書の仕事が舞い込んだ。日中の仕事ではあるが、きっと何かを学べると思い転職した。この会社で起こった事件により、日本人としてのアイデンティティーがさらに強くなった。

米国企業のアメリカ人所長の面接を受けた。彼はルイジアナ州の出身で、フランス系の白人男性で40代に見えた。その企業には日本企業側の単身赴任の男性社員が1人いた。この男性は50代だった。口数が少なく、眼鏡をかけ、いかにも日本人エンジニアらしいビジネスマンだった。アメリカ人の所長は「今まで勤務して失敗したことがありますか?」という質問を投げかけてきた。「ありません」というだけで採用された。それなりに英語の会話はできていたので問題はなかったと思われた。履歴書も学歴も受け入れられたようだが、問題は日本側にあった。仕事内容に対して何も要求がなかったのだ。これほど日本の会社人間は、口をきかないのかと思った。現地採用者を一人前に扱っていないのか、日本経済が上向きで、企業も態度が謙虚ではなかったのかもしれない、と自分なりに解釈をした。

仕事はコピーやコンピューターを使う毎日であった。ある日、1階に降りてコピーをしていたが、コピー機が1台しかないので、米国側の男性社員のコピーが終わるまでそばで待っていた。その社員は私に口もきかず挨拶もしなかった。沈黙の中で自分の仕事を終えると、その男性が急に鶏の泣き真似をした。両腕を脇下で曲げて鳥が羽をバタバタとするような仕草で、私を威嚇するような態度を見せた。はじめは何をしているのだろうと思ったが、普通ではないと気付いた。私は黙ってそこを去り、アメリカ人の友人に起こったことを話してみた。すると、それは差別行為だと言われた。アメリカの社会では、このような行動は人をからかうときや人を馬鹿にするときに使うのだそうだ。冷静になって理由を考えてみた。なぜこの社員はこのようなことをするのかと、何度も深く考えてみた。

翌朝、よく考えて抗議文を書き、会社へ提出することに決めた。日本側の社員はこのような時に全く助けてくれないのだ。「この人は日本人なのか？」この会社の本部は東京だが、今回はアメリカ側の本社に抗議文をまず送った。1週間が経ち、アメリカ側の上司の部屋に呼ばれた。ヒヤリングのようなものだったが、その社員は、ここまで私から抗議されるとは予想していなかったようで、ヒヤリングの中でわかったのだが、本当のことが上司に伝わっていなかった。その30歳前後の男性社員は本当のことを上司に言わなかったようだった。真面目にがんばっている人間に対して無礼だと思った。これぞ人種差別なのだ。だが、だれも助けがないまま、両サイドに何度も調査が入った。

一番残念なのは日本側の社員が、私の思いちがいかもしれないが、全く口も助言も出さず全く私をサポートもしなかったことだ。日本人の真の姿を見せつけられた。しかし、私は負けなかった。心の中で2度とこの日本人男性には日本では会うまいと決心した。大学で教育を受けていくうちに、人種差別や偏見という理論が理解でき始めたころだったので本気で戦った。数カ月の調査の結果、男性社員は首にはならなかったが、降格されたようだ。アメリカ企業内の Human Resources の仕事振りは実に公平に扱ってくれた。この事件から多くのことを学んだ。強くなった自分がいた。最近、その日本側の社員が私の日本の住所をサイトで見つけ、連絡をしてきたが、挨拶のみで失礼をさせてもらった。

差別事件があってからも、そのアメリカの会社に勤めた。アメリカ社会の一員として、日本人の自覚を持たければならないと思いプライドを持ち働いた。辞めたら負けになるとも思ったからだ。いつも危機管理意識を持つように心がけながら、自分は日本人だと意識するようになり、アメリカ人を友人として受け入れることに慎重になった。

二　アメリカ人従業員の救急処置

ある日、人種差別をうけたその会社で、50代のアメリカ人技術者が急に倒れて意識がなくなった。館内放送で救急呼吸蘇生ができる人を求めていた。「コードブルー」と言う言葉をはじめて聞いた。すぐ1階へ降りた。その男性は大きい体格でフロアーに横になっており、意識がなかった。日本で救急医療の訓練を体験したことがあるが、ここで手を出せば反対に訴えられるので慎重に行動した。他の従業員たちに促され、ペアになって3分くらい胸部と呼吸蘇生を手伝った。その男性は急に汚物といっしょに息を吹き返した。それから5分くらいするとパラメディックチームが到着し、その男性を病院へ運んだ。必死だったのでどのくらい時間が経過したか覚えていない。この会社で差別を受けた後に、人を助けることになるとは思わなかった。私はまだ人命救助になると身体がとっさに動くものだと思った。しかし、会社の人たちから正式に感謝の言葉はなかった。人命救助は日本とは違い義務のようだったが納得いかなかった。回復した本人からさえも感謝の言葉は無かった事もあきれた。やはり黄色人種差別があるのだろうとまで、心の底で考えてしまった。人との付き合い方は難しく、長く経験を積まないと、こんな国では生きていけない。

　カルチャーショックが少し落ち着いたころ、大学生活の中で日本人としてのアイデンティティー意識をもてるようになるきっかけがあった。それがアメリカ民族学の講義であった。逆にアメリカ人の大らかさにも触れた。いろいろな人種がいるが、私にとって本音で感情が理解できるのは、ラテン系アメリカ人や黒人の人たちかもしれないと感じた。職場でももっとも大きい黒人女性がいた。「ドーラ」という名前の女性で受付をしていた。おかしいと笑える感覚が、自分と同じだった。彼女は私の話をよく聞いてくれたが、答は、いつも自分が判断して決断をすることだと教えられた。彼女は、日常嫌なことがあっても、結果がよくなくても、常に笑って前向きだった。アメリカ人との会話のすすめ方も教えてくれた。この会社に勤めたおかげで、アメリカ社会で生きて行く基本をいろいろな人から学ぶ事ができた。いろいろな人種がいて、いろいろな考えの人がいること、そして、いつも自分が責任をもって判断し行動をすること、自分で自分を守ることなどを学んだ。

いろんな出会いがある中で、ある日、デルタ航空会社の飛行機エコノミークラスに乗ったとき、1人の黒人スチュワーデスに出会った。彼女は妊娠8カ月であるにもかかわらず、乗客の世話をするクルーの1人だった。妊娠8カ月に驚かされると同時に、彼女のやさしいサービスにも感心した。動作は一時的にゆっくりでも心があった。当時は、博士論文を書いているときで、家族の世話をするために帰国したが、機内でも勉強をしていたので、彼女は他の乗客が寝ているとき、そっとお茶を出してくれた。さりげない親切がとてもうれしく、今も彼女のことを忘れることができない。

三　移民の歴史がアイデンティティー

アメリカは移民国家である。1880年から1920年の間、移民の大きな流れ（great wave）があった。アイルランドとドイツからの移民が最初の流れだ。それからイギリスとスカンジナビアからも移民が押し寄せた。スカンジナビアの人々はアメリカ中部地方に定住した。それからアジアの中国移民があり、彼らは定住はせず、お金を稼ぎに西部のゴールドラッシュの労働者になった。1896年〜1917年の間は東ヨーロッパからそしてロシアから移民が目立った。ユダヤ人がそれに続き、南ヨーロッパからも移民が続いたが、彼らは移民先駆者たちからかなり差別されたと言われている。ルーズベルト大統領時代の、アメリカへの忠誠心を移民に強く求めた時代だった。それが文化同化制度だった。

英語がアメリカで普通に話す言語になったのは、1820〜1854年までに移民したアイリッシュが大きな鍵を持っているといわれる。イギリスから差別を受けたアイルランド人は、飢饉と貧困のためにアメリカへどんどん流れ、彼らは主にニューヨークやボストンなど郊外に定住した。学歴のない彼らの多くは鉄道建設、道路建設、そして石炭を掘り出す仕事につき、アメリカ国家に貢献した民族だった。彼らは宗教的にも社会的にも強く団結していた。それでもアイルランド移民は他の新移民からかなりの差別を受けたらしい。しかしアイルランド人は英語力と新地での生活力を得て、教育機関、法律、政治のリーダーとしての力を持ち続けた。移民国家のアメリカは法律国家で、政治政策のために特に英語が使用され、多くのアイルランドの人々は法律家になった。日本と違い、個人が尊重される法律がしっかりとしていることで、他人に頼らない文化が育てられた。

彼らがアメリカに移民をした動機は、よりよい生活を得ることだった。当時のアメリカで英語が話せ、学力を持ち、皮膚の色が白という条件があれば、当時は社会的な力が持てた。現在は逆に有色人種が有利になる事が社会問題になっている。アメリカは1980年代頃までにちょうど50パーセントがブラウンアメリカに占められるようになった。現在も移民が続いているが、社会問題になっている不法移民が多いメキシコ移民やアジア系移民については次に述べる。

中国人移民の歴史

世界中にチャイナタウンがあるように、アメリカ全土にも中国人町がある。アメリカ西部にも行って、サンフランシスコやシアトルのチャイナタウンを見た。確かに中国から移民をして4世代目、5世代目に代わってきている。英語を話さなくとも生きていける中国人町が中国人コミュニティーだ。今では観光名所とされているチャイナタウンもあるが、当初は新移民がはじめて生活するところで、お互いに助け合って生きてきた場所だ。これはアメリカのロサンジェルスやシアトルにある東京人町も同じである。アメリカの研究者たちは、彼らは自国の文化と言葉を中国の村から持ってきて、アメリカ社会になじめない民族だとよく言うが、中国人町の文化や社会構造を見ると、アメリカ社会でなくても生きていける社会なのだと理解できる。それは家族主義を中国本土から持って来ているからだと教えられた。

中国からの移民は、前にも述べたが、カリフォルニアのゴールドラッシュから始まった。1868年に移民が始まり、アジア系労働者では一番乗りだった。彼らは過酷な労働を通じてお金を作った。最初の移民は南の広東からだったらしい。ほとんどの人が経済的な動機でアメリカに渡ったが大変な人種差別を受けた。中国人排斥運動も起こり、移民法も課せられた。有色人種の移民人口増加に反対するため、子供を産む女性は移民できなくなり、例えば"paper son" 等の移民に関するいろいろな法律が成立した。中国本土生まれの Chinese-

American は現在60〜70パーセントに増えた。香港、台湾人等も北京語（マンダリン）を基本的に使用しているといわれる。もともとの移民は Cantonese と呼ばれ "Sze Yap" または "Toishan" とも呼ばれ、多くの人々はアメリカ北西部に定住した。中国人は昔も今もアメリカ大陸に、日本に、ヨーロッパに、そして、アフリカに、世界中にチャイナタウンを作っているのだ。

フィリピン人移民の歴史

フィリピンの移民は他のアジアの国々の移民とは少し移民動機が違うが、基本的には新しい土地に希望をもって移民をし、同じように経済が目的であった。スペインの領土時代まで、奴隷、船乗り、船作りの労働者としてアメリカへ渡ったのが18世紀中ごろだった。彼らの多くはアメリカ西部とニューオリンズ周辺に定住をした。１８９８年にスペインとアメリカの戦争でアメリカが勝ち、多くの人たちがアメリカへさらに移民をした。彼らもまた市民権を貰えなかったが、永住権は貰えたようだ。それでも彼らの地位は低く、アメリカ社会で差別された。外国人でもなく、市民でもない（Potential Immigrant）身分だった。

アメリカはフィリピンの若者を職業訓練をさせるために入国させたが、永久に定住は禁止した（Pensionadao Act)。アメリカ社会は英語力が求められ学歴問題や生活費が高いため、ほとんどの若者はフィリピンに戻った。結果的には簡単な労働、つまりドアボーイ、掃除やベルボーイ、そして家政婦などの職業に人々は流れていった。しかし、他のアジアの国と比較すれば大きな違いがあり、彼らは英語を使うので優遇されたようだ。後にフィリピンはアメリカから独立した。それからは〝頭脳の流出〟といわれるように高学歴、医者、看護師等医療関係者、教育者などがアメリカへ渡った。

フィリピンは1898年からスペイン語に代わって英語が使用されるようになった。19 19年からは英語を公用語とする運動がはじまった。7100も島々を持つフィリピンには、大きく分けて70～80の言語があり、そこから8個の言語に整理されたと言われる。アメリカでの生活は、肌の色や学歴などのため固定化された職業に追いやられた。社会からの差別があったが、マルチ言語とマルチ文化をアメリカで持っているのがフィリピン系アメリカ人なのだ。さらに大きな特徴は、アメリカ生まれのフィリピン系アメリカ人は他のアジア系アメリカ人より多いことだ。太平洋戦争の時、アメリカ中西部の砂漠へ日本人が収容された時、多くのフィリピン人は、日本人の土地などを戦争が終わるまで守ったそうだ。

韓国人移民と歴史

韓国系アメリカ人が移民を開始したのが1965年で"Immigration Act in 1965"韓国からアメリカへ、移民受け入れが制定されてから韓国系移民が増加した。中国や日本に次いで3番目だった。1950年に朝鮮戦争が始まり、軍事的に韓国がアメリカにとって重要な国になり、それが移民の理由になった。1951年から1964年まで移民（1万4千人）があったが、1965年は30万人以上となった。英語能力の問題もあって、職業のほとんどはクリーニング、食堂、そして、食料品店などである。現地の日系社会では、韓国人移民が日本名を使用した商売をすることに違和感を持っていた。韓国系アメリカ人に少し甘く見られているという批判をしていた。日本人は文句があれば、国内外で韓国人に対して堂々と言うべきだと実際にアメリカ生活をして思った。韓国系移民は鉄道やゴールド鉱山等、アメリカの建設労働者時代を経験した人は少なく、他のアジア系とは歴史的経験が異なる。韓国系移民はアメリカ社会に貢献していないとよく言われた。しかし、現在では日本からの移民に代わり、中国系に次いで移民が増加している。韓国キリスト教会などを作り、そこを中心にお互いに情報交換をしている。つまり、コリアン町だ。ナショナリズムも日本や他のアジア系移民より強く、コミュニティーの団結も強い。文化的にも政治的にもアメリカ社会へ同化もしながら、韓国移民達は母国韓国と連携し、強いナショナリズムを築いている。今もアメリカへ移民する韓国人は増加している。

ベトナム人移民の歴史

1975年にベトナム戦争が終わり、南東アジア系80万人以上が政治的難民としてアメリカへ定住したが、その中でベトナム人は約50万人だった。2度目の難民受け入れは1978

年だった。最後が1982年に13万人だったが、彼らはSouth-East-Asianと呼ばれた。彼らはベトナム、ラオスからの移民である。中にはベトナム戦争でアメリカ軍に協力した、と言われるラオーモン民族も含まれていた。中国系ベトナム人は多く、あくまでベトナム人として扱われた。難民として受け入れが認められたのは“Refugee Act”で、1980年にアメリカ議会で決まった。

彼らはアメリカ本土へ入国した後、英語教育、職業訓練等で生活に慣れるために政府によってプログラムが組まれた。難民制度のもとでアメリカ政府は各地で彼らに援助を差しのべた。できるだけアメリカ社会で自立できるように、はじめは生活保護を認め、その後は認めないという条件をつけ援助した。しかし、現実は基本的に家族移民なので、親たちはなかなか英語を習得できなかったが、子供たちは早くアメリカ社会へ順応し、いろいろな面で親を助けた。75パーセントの子供たちの英語力が低かったと統計で示された。彼らはLEP(Limited English Proficient)と呼ばれた。

ベトナム戦争で難民となり、その後、難民キャンプへ移動させられ、そこで貧困な環境で何年も生活し、それからアメリカ本土へ向かった〝ボートピープル〟という名前が頻繁にメディアに取り上げられ、世界に知られた。たくさんの難民の子供たちが、小学校で大きな差別を受けた。しかし、その子供達は学校でいじめられても戻る国はなかった。すべてを失った人たちだった。他のアジア系移民と違う生活環境の過酷さがあり、それだけに彼らは大学に進み、高い技術を身に着けて社会で成功をおさめるよう努力した。ロサンジェルス、サンフランシスコ、サンタクララなどに、現在でも多くのアメリカ系ベトナム人が住んでいる。家族で頑張る姿は目を見張るものがあった。生活も豊かになり、野菜を市場で売ったり、ベトナム料理店を開いたりして成功している。アメリカで生まれた2世たちの子供たちの働きは大きかった。

メキシコ人移民の歴史

メキシコは1848年までアメリカ本土にメキシコ領土があった。New Mexico, Colorado, Texas, California, Arizona 等である。そこに住んでいたメキシコ人は250万人だったが、スペイン領土とメキシコ領土を先祖に持つ人たちは Mexican, Chicano, Latino, Hispanic 等の名前で呼ばれた。現在はアメリカとなり Mexican-American と呼ばれるようになった。ほとんどの人たちは、アメリカに領土を奪われたと思っているし、特にスペイン時代に生まれた人たちは、今も自分たちの先祖の領土という意識が強い。留学中にいろいろな研究者に出会ったが、ほとんどのメキシコ系アメリカ人は英語とスペイン語のバイリンガルで、祖国への思いが強く、根強いアイデンティティーを持ち続けている。彼らはいろいろな学歴、職業、宗教をもち、社会的な背景は多様化している。

メキシコ系アメリカ人には3種類ある。一つは、永住権を持ちアメリカに定住する人たちだ。もうひとつは、平均10週から15週くらいの短期間だけアメリカに住む人たちで、基本的にメキシコに行くが、またアメリカへ戻ってくる。第三は、循環的に両国間を行ったり来たりする人たちだ。多くの人は英語とスペイン語を使用できるが、アメリカでは英語をコントロールできるように、メキシコ人に対して英語教育が各州で行われている。それぞれのコミュニティーや小学校では英語が中心に使用されるが、ある州ではスペイン語が中心に使用される。英語が不自由なメキシコ系アメリカ人は、母国語であるスペイン語を使用し、意味を理解しながら英語を使いこなすという、セマンティック（意味論）方法をとっている。

問題は、学校で誰が英語を教えるのかということである。日本と同じように、ヘビーアクセントを避けるために、できるだけアクセントのない人を雇用するようである。さらにテキサスでは、アメリカ住民がスペイン語に影響されており、スペイン語を話すアメリカ人が多いこともあり、バイリンガル教育は受け入れられている。しかし、スペイン系アメリカ人にとって、彼らの母国の文化、歴史観はアメリカ人と違い、民族の声はナショナリズムとなり、アメリカ大統領選挙にその声が響くことを世界の人が理解している。

米国に長期滞在すると、いろいろな国から来た人たちと出会い、文化の違いなどをお互いに学ぶ。その中でそれぞれの人が母国をアメリカと比較しもっと母国の事を考えてしまうのだ。大学での研究課題も自然にアイデンティティーの意識に向かう自分に気付かされた。よく「アジア系アメリカ人（Asian-American）」と呼ばれて、反発したことがあった。私はアジア人ではなく日本人だと言い切って、生活をした。アジア系アメリカ人とは、中国系、韓国系、アジアからの人達だ。留学中に理由もなく、隣国からの威圧感に怒りを覚えたことがある。この威圧感は、本国で日本に対する反日教育を受けていることに起因するものである事がわかった。

アメリカの教育機関で、研究者が日本と韓国の歴史を報告するが、詳しく読むと正しいとは思えない事が多い。アジア系アメリカ人の間では、たとえば中国系アメリカ人が、主観的に日本を低評価している事を個人的に知っている。正しく論文で伝える義務がある研究者ならば、調査して正しく発表しなければならない。これは日本人にとって大きな問題となるからだ。

たとえば韓国では、中国との関係からではなく、日本の植民地政策により強制された漢字を廃止したとか、日本の植民地時代より以前に、ハングルが使用されていたにもかかわらず、日本のせいにして、ナショナリズムによりハングルの使用を推し進めたなどと、公然と主張する韓国人がいた。書物をよく読んで事実を知らないと彼らに騙される。海外では特に、残念ながら彼らの悪口外交で、日本が間違っているととらえられている。これからの若者は、日本にいてはわからないことが、海外で起こっていることを警戒する必要があるし、日本がどのように世界から理解されているのかを知る必要がある。そのためにも留学は必要だ。

日本の最近の新聞によると、『菊と刀』を書いたルース・ベネディクトの本が中国でベストセラーになっているという。問題は、その本を利用して武士道や大江健三郎の名前を出し、中国に都合のよいように説明紹介をしていることだ。正しい日本文化は理解不足で、日本の文化価値の不信感、誤解、そして偏見で塗り替えられている現実があるとある新聞で知った。これらがアメリカに住んでいるアジア系アメリカ人によって、彼らの都合のよい解釈で翻訳されることがあるので、いつも注意しなければならない。

日系移民歴史

㈠　真珠湾と太平洋戦争

われわれの祖先である日系アメリカ人について述べる。私は学部卒論にこの課題を取り上げた。アメリカの大学にはアメリカ民族の学部（department）がある。しかもそれぞれの民族歴史科目が履修でき、優秀な日系教授陣がそろっていた。彼らの顔や体つきは日本人のようでも、言葉も違い、感覚にも違いがあり、時々意思疎通に戸惑いがあった。大学4年生のとき、アメリカ民俗学のクラスをたくさん履修したが、その1クラスは日系代表者の教授が教鞭を取っていた。彼のお父さんも太平洋戦争時に日系移民収容所へ送られたそうだ。そして、教授は日系歴史と体験を大学で後世に伝えていた。遠いワシントン州の郊外にある場所にクラス全員30名が連れて行かれた。そこは各地から集められた日系人を一旦収容し、そこからまた別の場所へ連れて行くまでの仮のキャンプとされた競馬場だった。日本人がまるで馬のように扱われた場所で、あまりの衝撃で質問も出なかった。当時はアメリカに住む日本人に、日本で起こる政治、産業、事件、事故等のすべてが、影響を及ぼしてきた。

北米地域には日系移民が多く住んでおり、太平洋戦争にかかわる彼らの移民生活の歴史は過酷であったようだ。特にワシントン州、オレゴン州、カリフォルニア州などに日系移民が多いと言われる。

1942年2月19日、西海岸の日本人を収容することを命じる“Executive Order 9066”がルーズベルト大統領により発表された。同じアメリカの戦争相手であり、日本の同盟国であったイタリア人とドイツ人に対しては、何も起こらなかった。敵対国民である日系移民の収容が戦争の表向きで、裏で人種差別をしていた。よほど日本が嫌いだったようだ。さらに広島、長崎も同じ理由で日本だけに原子爆弾を落とした。ここまで強くアメリカが日本人に対して人種差別してきたのである。

1942年の3月2日から、米国本土に住むほとんどの日本人移民家族は列車に乗せられ、クラスで訪れた場所の競馬場に集められた。当時の写真を図書館で見せられた。その時に日系移民歴史に興味を持ち、日系について調査をしなければと思った。写真から見る日系移民の人たちは誰もが清潔感のある洋服を着ており、どこかへお出かけするような服を身にまとっていた。彼らはアメリカ人の指示どおりに中西部へと連行されていった。固有財産はすべて人に預けたり安く売ったりした。多くはフィリピン人に預けたらしい。列車に乗せられて連

州	場所	収容人口
カルフォルニア	Manznar	10,000
カルフォルニア	Tule lake	16,000
アリゾナ	Poston	20,000
アリゾナ	Gila River	15,000
アイダホ	Minidoka	10,000
ワイオミング	Heart mountain	10,000
コロラド	Granada	8,000
ユタ	Topaz	10,000
アーカンソー	Rohwer	10,000
アーカンソー	Jerome	10,000

アメリカ本州で決められた日系移民の収容所のすべて

行される姿は、ドイツで起こったユダヤ人に対するホロコーストや、シベリアへ抑留された日本兵とよく似ていた。大きなショックを受けたが、ほとんどの日本人はこの事実を知らないことだろう。学校で教えてもらった記憶はない。

太平洋戦争が勃発した真珠湾攻撃から、アメリカでは日系の人々は大きなプロパガンダに翻弄された。アメリカは日本によってハワイから本土が攻撃されると騒ぎたてた。当時の米国政府はプロパガンダを上手く利用した。アメリカという国がどう日本に関わったかを研究すればするほど、アメリカの当時の政治に強い疑問をもつようになった。アメリカ人によるたくさんのプロパガンダが日本人移民者を苦しめた。敵国のドイツもイタリアも同じ扱いをされるのが当然だが、現実は全く別であった。戦争の原因は黄色人種への人種差別で、日本人だけが差別の対象となった。米国市民の多くは反日運動に加わり、いろいろなところで日本人狩りを行ったらしい。特に地域のリーダーや住職さんなど人格者や著名人は、最も過酷な環境であった砂漠地域のマンズナー強制収容所等へ送られていった。そして、アジア系の一部の民族も日本人から不当に物を取ったりした。約10万人以上の日本人移民が収容されたと言われるが、彼らは1945年1月2日に解き放された。

ハワイに住む日本人は収容所送りを免れたと当時はいわれていたが、最近になってハワイでも日本人がある場所へ収容されていたとわかった。コロンビア等の南米国に移民した日系人も船でこのアメリカに送られ、中西部砂漠の真ん中に建てたバラック収容所へ送り込まれた。留守となった日系人の土地や家は二束三文で買いたたかれ、移民をして社会で一所懸命生きてきた歴史は、アメリカ政府によって消されたのだ。それでも収容所の中で日系の人たちは日本文化の習い事や勉強等のクラスを作り、自分たちなりの社会を作ったようだ。収容所の外では、耕作不可能と言われた場所に農作物を作って生き延びた。

終戦で西海岸へ戻ってきた人もいたが、絶望のあまり西部に戻らずに東海岸や中部などに移り住んだ人もいた。彼らは収容所の中でそれぞれに組を作り、団結しながら生きてきた。子供たちに、生け花、お茶など伝統や文化教育を施し、小さい学校も作った。その収容所の中で日本文化を2世たちにしっかりと伝え、砂漠に農作物なども作り、どんな危機に出会っても毅然と秩序を守ったそうだ。その結果、日系移民の人たちはアメリカ社会からModel

Minority とすばらしい移民と受け入れられた。それでも他方では Jap や Nipp と呼ばれ、人種差別の中で社会進出を阻まれた。アメリカによる我々祖先の悲しい人種差別の歴史だった。

(二) 日系2世の文学と日系移民の悲しい声

大学では日系文学も学んだ。日系人によって書かれた「No, No, Boy」について少し書いておこう。横浜出身のジョン岡田が書いた作品だが、多くの日系2世の男性は、日系の両親が収容所に閉じ込められた状態の中で、アメリカ人として戦争に志願した。家族を守るためにアメリカ人であることを証明しなければならなかったのだ。つまり〝踏み絵〟の脅しだ。戦場の過酷な任務は、すべてアメリカ政府からの脅迫要求だ。日系移民の若者が軍隊に志願する選択動機は親にとって辛いものだった。多くは家族のために戦争に行く決心をした。戦争へ行った日系部隊の一つ(442部隊)が、第2次世界大戦のヨーロッパ戦線で大きな活躍をしたことは、日系社会にとって大きな誇りとなり、今も語り継がれている。

この戦争に、アメリカ人として参加すべきかどうか、多くの日系の若者が悩んだ一方、日本人への人種差別は公然とアメリカ社会で行われた。さらに、日本の主要都市への無差別な空襲から東京に大きな打撃を与えた関東大空襲へ、さらに最後のとどめをさした広島と長崎に原子爆弾を落とすことになった。これらはまさに一般民衆への人種差別のオンパレードだ。

アメリカ本国では、日本人への人種差別として移民の人たちがターゲットになり、親の国籍が日本だと、アメリカ市民権は与えられない。2世はアメリカで生まれているのでアメリカ市民権は与えられた。両親の祖国は日本であるため、その両国の狭間で日本を敵としてアメリカ人として戦地で戦うということになった。2世たちは、親たちも含め、アメリカで全てを奪われ、権利も奪われた。生活は苦しく、日本へ子供だけを送った人も多かった。家族全員で日本へ帰る者もいた。船で日本へ戻った人たちの中には、船から見た富士山に向かって手を合わせた人もいて、深くお辞儀をしていたそうだ。ある人は船から海へ飛び込んで自殺した者もいたという。だれもが歓迎されたわけではなかった。

日系移民文学のクラスで日本人として、日本人アイデンティティーを実感し、クラスを受けながら涙が出た。これほどまでに白人社会の人種差別がひどいものだったと知らされた。「No, No, Boy」は日系2世にとって、一つのNoはアメリカ人として受け入れられないということを意味し、もう一つのNoは日本人でもないという意味であろうと理解できた。

アメリカはいろいろな移民を受け入れ、現在も民主制度を振りかざしているが、人種差別行為を繰り返している国のひとつだ。アメリカ社会は歴史的にアメリカ本土もハワイもどこにでも人種差別があったが、我々のように新1世としてアメリカへ来た若者が置かれている環境と日系祖先の差別環境とを比較しても、人種差別というものはあるが、当時はもっと過酷だった。クラスのヨーロッパ系アメリカ人の教授は「No, No, Boy」に対して自分の考えを最後まで表明しなかったが、私は文学の力のすばらしさをはじめて感じた。日系人により書かれた文学作品はほかにもたくさんある。日本の若者はこの文学から学ぶことがたくさんあると思った。これこそが教育だと思う。

次に日系移民に関して“Picture Bride”を紹介しておこう。今も昔も多くの日本女性がアメリカへ来て苦労をすることはよく聞かされた。1880年から日系移民の間では日本本土の女性と写真による見合いが行われた。男だけの移民社会は後継者がいなくなるので、写真を頼りに日本から海を渡ってきた女性は、未来の夫とはじめてアメリカの港で会ったようだ。そんな彼女たちの生活や心情が書かれた多くの文学に出会った。とうてい日本では想像できない労働の厳しさや、感情を抑えて生きた女性の毎日の生活が描かれていた。よくぞここまで耐えられたと私は涙を流しながら読んだ。中には精神的に錯乱状態になる女性もいた。英語で書いてあるが心から感じとれた。時代が違う現在の新日系移民は、彼らと比較にならないほど恵まれている。孤独で貧しく社会の差別の厳しさを経験した日系社会に触れてみて、学ぶことが多かった。これらの文学をいつかぜひ日本の大学で紹介したいと思っている。

現在、日系社会の老人施設の敬老病院も北米西部にはある。また日系移民の養老院もあり、何度か訪れたことがある。外国で生きる本当の厳しさを彼らの顔から感じられる。90歳以上になる人も多かった。彼らの長いアメリカ社会への貢献で、今は子孫も増えて経済的に余裕ができた。今は幸福そうな人たちにたくさん出会うことができた。

アメリカの移民歴史を研究すればするほど、日本政府がアメリカに期待して海を渡っていく日本人を、サポートしていたとは今も思えない。生きていく過程で日系社会も世代が変わり、アメリカ移民家族もアメリカ的現実主義に変わって行く人が多い。日本が当時もっと移民の方々を大事にしてきた歴史があれば、日本を嫌う日系人は少ないと思うが、南アメリカの日系移民の人たちも日本政府からサポートされていないという証言も多くあり、とても残念に思う。それでも日系同士は言葉が違っても、お互いに日本文化を理解できることがすばらしい。彼らの歴史を私たち日本人は教育を通して学校で子供達に伝えて行かなければならない。これは私達教育者の義務だと思っている。

(二)　人種差別はまだ消えていない

留学中に米国で差別事件が起こった。日本では事件によっては詳しく報道されていないこともある。最近、黒人と白人との差別がアメリカでは大きな問題となっているが、日本人にも人種差別が起こっていた。日本の経済成長でアメリカ社会と日本の貿易摩擦が起こり、アメリカ国民の日本に対しての不満が高まっていたことも、人種差別事件になった原因だ。例えば、デトロイトで中国人男性が日本人に間違われて市民に殺された。日本車は大衆の中で壊された。殺された中国人移民男性は日本の自動車市場進出の犠牲となった。いろいろな事件がアメリカで起こった。三つの事件について書く。

一　ルイジアナ日本人留学生事件

大きな事件がアメリカ南部ルイジアナ州で起こった。「ルイジアナ日本人留学生事件」だ。服部君という若い男子日本人留学生がルイジアナでハロウィンの日に銃で撃たれた。当時アメリカは、あまりメディアで大きく報道されなかった。ところが、日本の社会が騒ぎ始めたので、アメリカ3大メディアがこの事件を報じ始めた。このニュースは日本人社会に衝撃を与え、日本からの留学生を震え上がらせた。日本からの留学を自粛するような現象も起こった。この後この事件に関わったアメリカ人男性は、服部君を銃で殺したのに、無罪になったと報道されたのだ。

事件をはじめに知らせたのは日本政府や日本人記者ではなく、北米の新聞や日系グループが反応して人種差別だと抗議したことだった。そのとき、アメリカのテレビ放送で3大局の一つであるCBS番組「60 minutes（60分）」が、この事件に関連して日本の英語教育の現状を日本まで来て取材した。生放送だったので注目も大きかった。そのインタビューを受けたのはアメリカ人ケント・ギルバート氏（ユタ州出身）で、彼のコメントはもちろん人種差別事件だとの発言はなかったが、彼はただ日本の英語教育を批判していた。この殺人から英語教育問題にいつの間にかねじ曲げられた米国のCBSの報道に対して、日本社会に敬意がなく、英語がなんぼの物だとアメリカにいる我々は怒った。

この事件で日本政府は何もアメリカルイジアナ州に抗議文を出していない。服部君については、ご両親を先頭にある日系市民が抗議を始めた。アメリカ側もその動きを取材したが、もしだれもこの事件に抗議しなかったならば、そのまま騒ぎも起こらないで、事件は自然に葬られたであろう。当時、大学院で多言語多文化教育研究をしていたが、日本人として、今の時代にこれほどわが国に無力を感じたことはない。移民国家アメリカで起こったルイジアナ日本人留学生殺害事件の内容は次のようであった。

1992年、日本人の服部君が銃でぶっ飛ばされたことを伝える詳しい記事（週刊新潮、平成11年8月7日号、高山氏）を紹介したい。

米国ルイジアナ州に留学したヨシはその日の夕方、バトンルージュ市にある住宅を訪れた。級友の家で開かれるハローウィンパーティーに参加するためで、ホームステイ先の高校生ウェブ・ヘイメーカーも一緒だった。その辺はみな同じように芝生の前庭があって、玄関はカーポートの奥という構造だった。目的の家を見分けるのは縁石に書かれた番地を示す数字だけだった。「ここだろう」とウェブが車を停める。ヨシが飛び出してカーポードの奥のドアを叩いた。家のカーテンの向こうには不審そうに見返す女性が見えただけであった。家を間違えたらしい。2人が車のところまで戻ろうとしたとき、カーポードの奥のドアが開いて男が姿を見せて「フリーズ（Freeze）」と言った。ヨシはその男に「パーティーに行くところだよ（We are here for the party）」と言いながらその男に近寄った。次の瞬間、凄い銃声でヨシはぶっ飛ばされるように倒れた。後の解剖所見では、至近から発射された銃弾で右肺が引き裂かれ、背中には直径15センチの大穴があいていた。ウェブが「しっかり」と呼びかけると、ヨシは血を噴き出しながら口を動かした。たぶん日本語だったと思うが、意味はわからなかったとウェブは後で語っている。ヨシは病院に搬送されたが、手の施しようもなく1時間後に死んだ。

これがアメリカ留学中に起こった事件のほぼ全容である。日本の英語教育とそれによる社会現象が問題になった事件であったと報道は伝えているが、本質は人種差別事件だと思われる。それまでに日本から来た女子学生が殺されたり、レイプされたりした事件があった。他の国でもフィリピンで日本人が誘拐されたりした事件が多かった。この時代は国際社会でお金を母国から持ってきて自由に暮らしている民族は珍しかった。現在は韓国人、中国人と増えているなかで、日本人の豊かさは珍しくはなくなった。語学習得留学は我々のアイデンティティー形成と大いに関係があり、その国で何が起こっているのか、渡航するまえに必ず知っておく必要がある。この事件は、自分の身は自分で守るという事を教えてくれ、このアメリカは、日本人が思っているほど自由な国ではないと確信した事件だったと言える。

日本では英語を習得させようとか学ぼうというメッセージを強く政治政策に取り入れてい

るが、ルイジアナで射殺された服部君の事件がなぜ言語（英語）問題と事件の本質をすりかえるのか疑問だった。日本のメディアによると、服部君が“Freeze”と“Please”を取り違えたという。死人に口なしだ。そして、ハロウィンの日のコスチュームを着ていたために怪しいものと間違えられ、誤って打たれたという内容だった。アメリカでは言葉がわからなかったという理由だけで人を殺すことはない。言語問題以外の理由で抗議する日本の報道はほとんどなく、その全内容を解明することはなかったと日本の友人から聞いた。

私は高山氏の詳しい記事や実際起こった事件などを説明しながら、日本の若者に何が問題だったのか、どうしたら身を守れるのか、教育を通して今も若者に伝えている。これからも社会に伝えて行くつもりだ。

一方でこの事件はアメリカのシアトル日系新聞で大きく報道されていた。多くの留学生は震えがくるほど悲しかった。この危険な動物的な、銃社会を持つアメリカが浮き彫りになったが、今まで現地で怖い体験した中で、この事件は一番に我々を不安にした。こういう事があると、12月の太平洋戦争開始時のパールハーバーデイは、アメリカ人が怖く感じることさえあった。以前、米国中西部のデトロイトの事件があったように人種差別事件なのだ。結果としてアメリカメディアは服部君事件に関して、ほとんど日本人に納得が行く正しい見解に触れることはなかった。日本のメディアもその後は報道をしなかった。米国内の日系移民社会が声を出した服部君の事件は、人種問題だったと私は信じている。

その時の英語で報道された内容は私のメモにこう記してあった。

According to "60 Minutes" Mr. Morley Safer explained that the Japanese do not have communicative English skills. そして The Japan Times によると、"Japanese society has been naive and ill-formed in its choice of destinations when sending its young people abroad to study… It widely held and rarely challenged assumption here that most Japanese are infinitely better informed about American society than vice versa".

ジャパンタイムズ紙は当時こう伝えていた。英語の力をつけると人種差別がなくなるのかといえばそうではない。だが、日本人はもっと世界の動きに対して身を守るための意識を高める必要がある。

二　日系大企業のセクハラ事件

私はクリントン元大統領はいろいろな面において、日本にとってよい政権だったと思っていない。共和党時代はこのような事件はあまり起こっていないが、クリントン氏の民主党の時代になると日本叩きが始まった。その中でクリントン政権時代に驚かされた事件を紹介する。

三菱の社員が会社内の米国人女性からセクハラで訴えられた事件である。当時、日本側は全くの無力で、当初は、米国側からの嫌がらせのように感じた。はじめはドイツ糸移民の町、イリノイ州に三菱重工業が進出することで、固定資産税を優遇されたらしい。裁判まで持ち込まれ日本側の主張が受け入れられた。ところが、ドイツ系アメリカ人クリントン大統領が黙っていなかった。セクハラの訴訟を起こして仕返しをされた、とある記事で知った。断定はできないが、そういう印象が強い。女性は日本側にまるで奴隷のごとく扱われたと新聞などで訴え、事実とは全く違うやらせで、企業側は手も足も出ずに大金を払わされたのである。事実のないセクハラ問題であるにもかかわらず大きな事件にしたのは、悲しいことに日系2世の男性政治家（マイク・ホンダ氏）だった。報道によると現在も韓国のロビー活動に協力し、昔は反日運動の一部でオバマ大統領と行動をともにしたといわれている。中国系の政治家も関与したと新聞記事で後になって知った。この事件によって、日系人の人間が反日に関わったと聞かされ、日本人コミュニティーでそのマイク・ホンダ氏への失望が広がった。現在も慰安婦問題で韓国系アメリカ人側に立ち、２００７年6月米下院の「慰安婦対日非難決議」の立役者が、マイク・ホンダ民主党議員であった。本当に日系移民の子孫の方であれば、どういう背景を持った人なのか調べてみたいと思うようになった。この事件についても高山氏も詳しく述べている。

従軍慰安婦に関しては、報道の中心であった朝日新聞社が、記事で誤っていたこと、ニュースソースの吉田清治の著書が、全く虚言であった事を、公式に認めた（２０１4年8月5日の紙面）。長年にわたって何度もデタラメな報道を垂れ流し続けた朝日の罪は大きい。朝日新聞社は欧米メディア、特にNew York Timesに何度も訂正記事を掲載しなければならない。責任の所在を曖昧にし、きちんと謝罪をしないメディアは、米国でも信用されないであろう。

この三菱セクハラ事件に関して日本政府も領事館も日本の団体も三菱を助けなかった。日本側の新聞記者たちも取材をしたのかどうか疑問である。日本の記者の全員ではないが、反発もせず、いつからお互いに助け合わない国民になってしまったのだろうか。ナショナリズムのかけらもない。新聞記者なら、正しく取材をして報道の義務を果たしてほしい。国家への働きもできず、何のための、誰のための報道だ。最近になっての解説委員やニュースキャスターの言動は、自分が日本人でありながら、アメリカに追随し、日本を敵のような発言をしている。彼らこそがもっと国家観をもって取材し、正しい報道をしなければならない。

次に、米国で最近叩かれたトヨタ自動車は、セクハラ事件にとてもよく似た例である。結局はアメリカの政治的思惑が今回はトヨタに向けられたのだと理解している。トヨタに起こったことは過去の三菱や東芝の例と似ている。私はトヨタ本社へ電話をしてエールを送った。日本は今までの数多の理不尽な事件内容を調査して、毅然としてアメリカと戦ってほしい。日系の弁護士などを常に専門に雇用し、次回の事件に備えることだ。こんな事件が続くと、本当に海外では日本は立ち向かえなくなる心配がある。

例えば、John W. Dower の「War Without Mercy」の一部に、戦前の人種の力関係が述べられているが、よく読むと、日本文化で育った日本人ではないと理解できない部分もあるが、日本語で読むのと英語で読むのとはニュアンスも理解度が違ってくるので注意が要る。彼は日本研究者グループの一人だが、これからはもっと日本リサーチを日本でもしてほしいと当時思った。日本の研究者はこのような英語で書かれた日本歴史書に対してチェックしなければならないと思うし、英語だけではなく外国語で書かれた論文等を読むスキルがこれからはわれわれは必要だ。戦後のある外国人作家は日本研究者と言いながら、正確に日本を理解していたとは言いがたいと、日本人として思うことがある。読者の方々の意見もあるだろうから深くは書かない。これも留学をしなかったら決して見えないことかもしれない。他の国もしたたかであることも知ったが、今日は味方でも明日は敵になる事を日本人は忘れている。全てが情で解決するのではなく、もっと危機感を持たなければ国が沈むかもしれない。

三　米露日首脳会談の突然の地元ニュース

三つ目の大きな事件は、全く個人的な経験である。宮沢総理が米国を訪問したのは、ロシアのエリツィン大統領と米国のクリントン大統領の国家会談がワシントン州で行われる時だった。彼らはシアトルのフォーシーズンという高級ホテルに泊まった。日米露首脳会談にワシントン州のある新聞記者が同行し、会談内容のメモをごみ箱から拾い上げたという。メモに書いてあるのは、クリントン大統領の、日本にお金を使わせようというロシア側に宛てた個人的な内容だった。それがシアトルのあるテレビ局から報道された。夕方7時のニュースでシアトルでは大騒ぎになった。報道機関はすぐにシアトル日本領事館にコメントを求めたが、日本領事館は「ノーコメント」とした。

しかし、夕方の地方ニュースに突然取り上げられたニュースは、夜の10時のニュースで取り上げられると期待して待ったが報道は取り消された。カットされてしまったのだ。日本からお金をもっと出させるという内容だったことは事実だったらしい。クリントン大統領のしたたかさがここにも見えた。不倫疑惑で自分の黒を白といった人間だ。日本は戦後も人種的にまだまだアメリカの属国なのだ。まだアメリカに物を言えない国なのか？　日本人としてプライドはあるのか？　日本の報道関係者の皆さん、勇気をもって現地をもっと取材して日本に真実を伝えてしてほしい。

最後に、阪神大震災の時、アメリカの大学キャンパスでは救援募金や救援物資支援などの話は学生の間では全く出なかった。心から冷たい社会だと感じた。多くの日本人留学生が私と同じ感情を抱いていた。日本では東日本大震災時は台湾が多額の義捐金を送ってくれたそうだが、隣国は日本からODAの支援を受けていた割にはお粗末な結末だった。

日本はアメリカに頼りすぎている。どの国も経済的に利用できる時はどこ何処までも日本を利用する。隣国の国々もしたたかで本質がアメリカとドライな面が似ている。

第三章　英語習得

一　言語習得は環境が一番

過去において世界英語帝国主義（imperialism）の影響で、日本の英語教材販売は世界一だと聞いたことがある。国際化時代に、英語を有効な武器として使えるようになるには、日本の英語習得教育の根本的な改革が必要であることは言うまでもない。自分も米国留学は20歳を過ぎて、新しい言葉を習得できるかどうか疑問をもちながら留学をしたが、現実に現場で言葉が通じないと新天地生活ができない。20歳を過ぎての新しい言語習得訓練はある意味で大きな挑戦である。社会心理学において第2言語習得はまるで赤ちゃんが母国語を学ぶのと同じだという。ここで英語習得について述べる。米国で研究者によって研究されたいろいろな実例をみてみよう。

二　成人の新言語習得と母国語習得の類似

研究者は20世紀に入って子供の言語習得の分析をし始めた。子供時代に母国言語を習得する条件は、普通の自然な環境が必要である。第2言語を成人になって学ぶためには母国語の文法等が基本になると言われている。

赤ちゃんは生まれて、

(一) 大きな音に驚く

(二) 音のほうへ向く

(三) 多くの声の中から母親の声を聞き分ける。

生後1カ月から2カ月で話しかけられると赤ちゃんに笑顔がでる。3カ月から7カ月になると怒った声と優しい声が分かるようになる。8カ月から12カ月で自分の名前に反応し、「いやいや」が分かるようになる。またバイバイなどが理解できるようになる。1年が終わるころには2つの言葉で話し、2年後からいろいろな言葉を自分が聞いた音を真似して発する。このようにどの国の赤ちゃんも普通の環境で母国語を流暢に効果的に自然に学ぶ。特別な指導もなく学べる能力が人間にはあるのだと研究者たちは説明している。しかし、社会環境がなければ基本的に言語の発達はない。その環境とは、リインフォースして(補充と供給をしながら繰り返して)言語を学ぶのである。バイリンガルで育つ赤ちゃんは code-switching をしながら、2つの言語を決して混合していない。社会環境を妨げられれば、あるいは狭くなれば、普通の子供のように言語習得は発達しない。

新潟で女子小学生を長期に監禁したというニュースを聞いたとき、別の事件が頭をよぎった。1970年11月、カルフォルニア州テンプル市にある渓谷の町で Genie という13歳の女の子が発見された。彼女は言葉も理解できず、20語以下しか認識できなかった。本人がわかる言葉は「赤、緑、青、茶色」そして「お母さん、戸、行く」等の言葉であったという。身体的にも成長していなかった。固いものは噛めず、それも飲み込めない。発見されたとき、体重はたった55パウンド（25kg）で、身長は55インチ（140cm）であった。前歯が2本で顔色も悪く、すぐカリフォルニア子供病院へ収容された。その女の子はその後専門家によって言葉などの教育援助を受けた。ジニーの両親によって13年間も社会生活から閉ざされ、一部屋に置かれ、誰とも会話なしに監禁された。母親は目が見えず、父親によってこのような状況におかれたようだ。彼らは州警察によりすぐ逮捕された。母国語を習得する社会環境がこの事件によっていかに大切なことかということを知らされた。一人では言語は学べないのは明らかで、留学生も現地の人と会話がないと言語習得の力は育たないのだ。

三　ESL（second language acquisition）の重要性

英語圏でない国から来た留学生は、English as a Second Language（ESL）を英語圏の大学に入学する前に受講しなければならない。英語予備教育である。入学して講義を理解できるレベルの英語力の基本的なスコアが得られない場合、ほとんどの英語圏の大学や短期大学では正式に学生として講義を受けることはできない。その前段階としてESLクラスを受け、レギュラーの学生となり、合格できれば大学に受け入れられる。予備教育の内容は特にアメリカ政治、経済、社会学等の教養知識である。

ＥＳＬは海外の英語圏で大きなビジネスになっている。留学生を受け入れるための特別なカリキュラムが組まれ、それは有料だ。ある意味ではイギリス中心に、オーストラリア、アメリカ、カナダ等ほとんどの英語圏は、日本からの留学生に英語教育をする目的でビジネスを起こし、お金を吸い上げている。日本国内で中学校、高校では英語教育は外国語として位置付けられ（English as a Foreign Language）、主に文法などを学ぶ。

米国の大学はほとんどがＥＳＬのクラスを外国人学生に提供をしているが、独立採算制で部局とは別な組織でも、英語の部局とはカリキュラムの連携をしている。そこにいる教員は、最低大学院生や修士を持っている人たちで構成されている。組織のトップはPh.D.を持っている。中にはいろいろな教師が存在し、例えば、日本でＡＬＴを経験した米国人教師もいたが、外国人系の教員はいない。その理由は、外国出身は英語にアクセントがあり、そこには微妙な政策があると思われた。ＡＬＴとして日本に滞在し日本でいろいろな経験をした人が帰国して、ＥＳＬ教師になることが多いが、日本の経験による恨みで日本人学生に強くあたる教員もいる。個人的な感情が明らかに出ている教員も存在するのは世界共通だろう。

ＥＳＬクラスは学生の英語力によりクラスわけされる。テスト結果で一つのクラスを受けることになった。Writing のコースの論文の書き方の部分だったような気がする。なかなか難しいクラスで、80パーセントの点数がなければ、再度同じコースを受けなければならず、そのたびにお金を払わなければならない。これくらいのハードルの高さがないと英語の力はつかないだろう。留学生は合格に向けて必死で勉強する。経済的にも精神的にも誰もが辛い時期だ。当時は318ドル、1クラスコースをとったと記憶している。大学生は当時は、年間約4500ドルかかるので、家賃など合わせて7211ドルくらい、食事代以外の費用がかかるから出費は大きい。ESLはGrammar文法のクラスだけ2クラス、Speakingクラス、Readingクラスと、長い時間をかけて終了しなければならない。

いろいろな国から学生が来ているが、クラス内でお互いにしゃべることはない。彼らにとって、ただアメリカ人（先生）と英語で話せる唯一の時間だ。クラス外で、外国から来た若者の話し相手になってくれる学生はキャンパスにいない。大学生はESL学生をレギュラークラスではなくセカンドクラスとして捉えていた。それでなくても留学生は引け目（自信欠乏）を感じている時期で、年齢的にも恥ずかしさもある。家族はいないし、友だちがいないとなれば、本当に孤独を味わうのだ。しかし、英語が耳で聞こえるようになると話せるようになる。人と話せるようになると孤独もなくなる。そして、社会制度や法律や文化、さらにもっと難しい慣用句も学んでいく。ESL時代が成功する人と落ちていく人とに分かれる時期でもあるので、学生にとって大きなストレスだ。日本の場合海外留学生に対して、日本語教育も第2言語としてカリキュラムに組まれているが、日本の大学は無料である。日本の文部科学省の留学生政策に理解できないことが多い。これは後で詳しく述べたい。

四　英語教育（ESL）の歴史

日本は国民全体が英語症候群におかされている。親、教育機関、芸能界、メディアもすべてが英語コンプレックスを持っているように思える。事実、われわれが生きる世界では政治経済、軍事、テクノロジー、医学、文学、教育において英語が使用され、国際会議では共通言語として英語が使用され、電子通信も英語が主に使われる。飛行機の機長と管制官の通信も英語で行われる。1980年代にESL教育がアメリカで盛んになり、これこそが英語帝国主義のはじまりだ。1980年代には、米国は経済向上のためにも特に英語を売り物にしてきた歴史がある。英語が世界共通言語になったその歴史を見てみよう。

英語は当初は少数言語であった。しかし、ヨーロッパ諸国が植民地時代に突入し、時代とともに英語が普及するようになった。フランス、イギリス、スペイン、そしてポルトガルが世界へ植民地を作り始めた。イギリスについては、特にアジアではインド、南アフリカを領土にし、そして現地で英語が使われるようになった。さらにアメリカ、オーストラリアとカナダなど全世界に英語が普及し始めた。イギリスは7つの海を植民地時代に制覇したからだと言われる。さらに米国は世界大戦中、多くの兵士を世界へ送った。兵士は海外から戦争花嫁を多くつれて帰ってきた。移民もさらに増加し、英語圏のアイルランドからも多くの人々がアメリカへ移動した。そして、東ヨーロッパからもアメリカへの移民が増加した。

米国はその後も、宣教師やフォード財団を世界に送り、言語のみならず、文化や語学の普及に力を入れた。その結果、英語の使用人口は増加した。そうなると世界からの移民があふれ、移民国家であるアメリカは1950年代、1960年代は「人種の坩堝（メルティンポット）」と呼ばれるようになった。白人中心社会の米国は、言語と文化を国家統一手段とし、移民にも米国の文化同化と英語習得を強要した。移民側も英語が話せればよい仕事につけるし、仕事がなければ生活できない。そして、当時米国の敵国であったドイツ、イタリア、日本移民の間で母国語を教える学校が閉鎖された。

表では文化言語同化政策で肯定的のように見られたが、その政策が国民に浸透していたわけではなかった。アメリカは当時、白人が多数派で全ての面で、白人または英語を話す人が優先され、それらは英語能力と高学歴で成功し、よい職業に就く事ができた。それぞれの移民たちが母国から持ってきた文化や言語はほとんど放棄された。多くの移民は生き残り競争と経済階級性（誰かよりも優れている）社会で生きてきた。ヨーロッパ社会からも自然的に民族移動現象が起こり、第2次世界大戦後、アメリカはメルティンポット（Melting Pot）という社会共生の形をとった大きな英語帝国主義国家となった。

アメリカの文化同化政策は多言語使用否定政策でもあり、英語以外の語学学校は廃止され、特に敗戦国の言語は否定されたが、日本語学校は日系人の個人的努力によりなんとか生き残った。日本は他のアジアの国々と同様に黄色人種としての差別を受けながら、英語を拒み続けた。同郷や母国人たちがお互いに助け合った日本町やチャイナタウンなど今も残っているが、何かしら根強い移民の民族性を感じた。

戦後、1970年代後半から、新移民者も増え、生活水準も向上してきた。彼らが持ってきた母国の文化を尊重しようという動きが起こり、特にラテン系アメリカ人社会では、スペイン語を公用語にという市民運動が始まった。確かにカルフォルニア、ニューメキシコなどにはメキシコ人が多く住んでいて、母国語を使用してきた。

1980年代になるとアメリカの研究者によって少数派を対象にした学問的実態調査が始まった。彼らの意見や調査結果が論文で公表された。これが文化複合社会となるきっかけを作ったようだ。多言語使用がアメリカ社会で受容され、メルティンポットからサラダボウルとなった。サラダボウルは、それぞれ独自の文化が米国の文化に同化されずとも共生できるという現象だ。1980年代になってやっと少数民族の本音が書物に書かれるようになり、英語公用語運動（イングリッシュオンリー）が高まる中で、バイリンガル教育の運動もスタートした。

ここでアメリカ社会構造と言語歴史を見る。

アメリカ社会構造と言語の歴史

1950年代—1970年代	言語文化同化主義	人種の坩堝
1980年代—1990年代	文化複合主義	サラダボウル
2000年代	多文化共生主義	ハイフォンの共生社会

1980年代のアメリカは移民と留学生を多く受け入れ、多言語国家とな

りESL教育を確立した。企業もビル・ゲイツ氏も多言語ソフトを作り、世界はその恩恵をうけるようなった。英語を母国語とするアメリカ、イギリス、オーストラリア、アイルランド、カナダ、南アメリカ、ニュージーランドも、世界から語学留学生を受け入れるようになり、英語を話す世界人口はおよそ5億以上である。中国は13億の人口をもつと言われるが、世界に住んでいる中国人を含めたら、中国語が世界で一番多く話されていることになる。ちなみに日本語人口は約1億人と言われている。英語を公用語としている国はインド、シンガポール、フィリピン等がある。Different from standard English としてシンガポールではシンガポール人（中国系を中心としていろいろな民族）が話す英語をシングリッシュ（Singlish）と呼ぶ。フィリピンではタグリッシュ（Taglish）、だが、日本では Japlish とは言いにくい。かつてアメリカでは日系人にジャップ（Jap）やニップ（Nipp）という差別用語を使用したので使用しない。もう一つはBVE（Black Vernaculars English）といった黒人が話す英語のことをいう。

日本は過去30年間以上英語教育に力を入れてきた。しかし、それほど効果はあがっていない。日本の英語教員の多くは英語の訓練を受けていないことが、アメリカへ来て分かった。

第四章　教育の国際化とその課題

帰国して地方の裁判所に出向いた。やはり不安は的中し、私の信念と正義を示したために、遺産相続の裁判が始まった。一番裁判所に近い公立大学で勤務する事にしたのだが、その大学の雇用条件は日本人でありながら、日本人としての雇用ではなかった。そのある大学職員と個人的な人間関係が邪魔をして、日本人としてではなく外国人として教鞭をとることになった。パスポートも日本国籍でありながら見直しはなかった。

当時、他の大学でも外国人講師は、しばしば日本人教員の倍のコマ数をこなしている大学もあったようだったが、全く個人的な事情でコマ数が多い外国人講師とコマ数の少ない講師がいたので、外国人と日本人という区別についてその大学にはルールはないと理解した。一時的な帰国だと思っていたので大きな問題として受け止めなかった。しかし、よく考えると日本人で、米国大学のPh. D.（博士）を持ちながら、日本人組織からこのような差別を受けることはおかしいと思った。この雇用条件も変わることなく数年間が経ったが、見かねたある女性日本人教員に強く他大学へ応募することを勧められ、幸運にも国立の大学国際化教育の業務に深く携わることになった。そこでも大学教育が国際化教育を進める中、教育の国際化に疑問を持ち始めた。

大学の国際化教育の一つである留学生受け入れ制度は、大学組織を大きく変えた。はじめは小人数の留学生受け入れから、現在は、日本全体で16万人まで膨れ上がったが、受け入れる大学の対応が追いついていないのが現状で、それでも受け入れを続けている。当初、各大学は留学生センターを中心に、留学生の入学等のすべての事務処理を行ってきた。大学職員全体の言語能力や経験不足で、十分な体制が出来上がっていなかった。だから留学生は事務処理がしやすいように日本人学生から隔離されていたと私は思っている。結果として日本人学生に、国際化からの還元もない状態が続いた。さらに日本人の学生の語学教育、国際化のカリキュラム改善などが必要で、日本の国際化教育は世界から遅れていると感じる。日本の教育機関が真の国際化に向けて、すぐにでも教育の見直しをしなければ、本当に世界競争に負けることになり、留学生を受け入れても根本的に教育の国際化は解決しない。ここで、個人的に改善策の声を発信することで、教育者や研究者の方々から、批判と反発があるだろうと覚悟をしているが、メディアも一般市民も政府批判ばかりせず、国の将来を真剣に一人一人の国民がどうあるべきか考える時だと認識してほしい。

まず、教育機関に必要な国際化の教育現状と、その対策について5項目を取り上げた。一つ目は、国民と教育機関のほとんどが、世界の人口動向と、その理由を認識しておらず、世界競争の危機感もなく、大学生は、経済的にも安全保障にも日本はまだ大丈夫と思っている。二つ目は、米国の大学と比較して、教育機関の国際化政策を担う職員の海外生活の経験者が不足している。三つ目は、日本の英語教育の見直しが必要なことである。公立学校の教科書はコミュニケーションを重くみるあまり、文法に力を入れていないようだ。以前とは英語教育の内容が変わってしまった。大学入学前の公立学校の英語教師をいかに育てるかが問題である。四つ目は、文部科学省は、近年になってから、日本の大学生を海外へ送る政策に力を入れているが、日本の学生の留学前の予備教育が実践されていない。受け入れ国の情報提供やそれ向けの指導と教育が必要である。第2の服部君のような犠牲者を出さないよう防止しなくてはならない。五つ目は、大学の留学生政策（海外からの留学生受け入れと日本人学生を送り出す）の見直しが必要である、現状のままでは、日本の国際化に自信がもてない大学になってしまう。ここから、5項目について現状の問題と改善対策について考えて見たい。

(一)　世界の人口の動きを理解する必要性

現在、グローバル化、国際化、多文化社会化が進み、環境の多様化が日本のみならず、他国でも進んでいる。この三つの動きをわれわれはまず理解しなければならない。世界の人々は国から国へどんな理由で移動しているのか知らなければ、世界競争に勝てない。これらの三つの動きを認識して、はじめて国際化教育が始まるのである。残念ながら、ほとんどの高校や大学には、この分野である多文化教育の科目は、まだ取り入れられていない。

文部科学省は2009年に海外からの留学生の受け入れ数が10万人を達成したので、さらに、30万人計画を打ち出した。そして、その2、3年後から、受け入れだけではなく、日本人学生の海外への送り出しにも力を入れている。多くの日本の若者は英語のコンプレックスを持ちながら英語圏の文化にあこがれをもっている。その反面、世界競争の危機感は持てず、国家観もなく簡単に海を渡っていく。そういう意味で多文化教育が必要である。

一　世界人口移動状況の理解をする

世界はますますグローバル化が進み、通信産業や経済競争では、日本も中国や韓国に対して苦戦している事は、民主党政権時に嫌というほど国民が味わった。今後も世界の経済グローバル化は緩まることはない。IT産業はこれからの時代を左右すると言われているが、日本は世界競争に遅れをとっている。大学でも、世界主義（グローバル化）がどんどん学生の就職活動にまで押し寄せてきている。リーマンショック、3・11東日本大震災、日本国民は長い間、バブル経済で浮かれていたが、初めて試練がやってきた。それでも国民は、生活を維持するために奔走し、希望が見えない中で、国民の努力は続いた。政治面では自由民主党の政権に変わり、世の中が少し明るくなった。

　アジアでは日本企業が海外へ出て行けば、行く場所で反日運動を仕掛けてくるし、利益を上げられない現実があった。日本国民は反日運動という辛い経験を幾度となく、一方的に経験させられ、当然のように、隣国の反日運動に慣れてしまっているが、この状況は正常ではない。日本人はとても我慢強いのだ。この立場が反対だったらどうだろう？　隣国はどのような行動をとるだろうか？　このように世界はけっして甘くない。

　長い歴史の中で、西欧諸国からも偏見差別を日本は受けてきた事もあまり国民に知らされていない。国民はただ政府批判をし、自分で考える努力もせず、ただメディアに流され、コメンテーターの言葉に流され、政府に責任転嫁をする事を長く繰り返してきた。国民は世界の動きに敏感になり、国益を考え、自ら世界を勉強をし、情報を得て、日本がおかれている世界状況に関心を持たないと、この国は沈むと確信する。世界主義、国際主義、多文化主義を認識し、海外の動きを把握し、考察をし、近未来に確実にやってくる大学のグローバル競争に勝たなければならない。

二　世界主義（Globalism）の意味

　世界は金融面、産業面、情報面のグローバル化（Globalism）が進み、いわゆる競争社会のど真ん中だ。各国の外交もしたたかなもので、日本は苦戦しているようだ。それも国民全体がグローバルの動きに対して問題意識が薄いからだ。それでも日本の前政権より国民は少しは安心しているが、前政権に苦しめられた事を忘れ、またグローバル化を無視したメディアが自民党政権を叩き始めている。日本国民の多くはむしろ世界化より国際化にも力を入れ理想を追いすぎている。グローバル化が盛んになると世界の人口移動が起こり、欧米、中国や韓国からも労働者が多く海外へ出かけ、その結果多文化や多言語が入り混じり、世界のいろいろなところで多文化共生社会が作られていく。

国際交流だと言いながらお金を使い、今も日本国民はお人よしで祭り事が好きなようだ。

一般社会は、やたらと「グローバル」という言葉を、あらゆる場所で誰もが使っているが、本当のグローバル化の意味は理解していないようだ。報道で見る限り、国際主義なのに世界主義と言っている人がほとんどだ。こんな状態をみると、まるで危機感が欠如しているのは明らかだ。そのくせ国際交流といいながら、日本側がお金を出し、相手国の人を招待までしながら、「魔の言葉」を使うことだけでの国際交流を盛んに実行している。グローバルという言葉を使うことで、政策の意味をはぐらかしているようにさえ思える。

まず、グローバル化の意味を考えてみよう。グローバルの世界とは? Global World(世界主義)とは?

Globalism is defined as the idea of globalism refers to large, often impersonal, economic forces at work around the world. It is that centers and movement of information, money, products and services are no longer limited to the local or even the national level. Most of these now occur at the global level. Manufacturing, plants, administrative offices, employees, distribution, shopping-all of it is now borderless (J. Braun. 1999)

世界中の人々は、自国で外国のものを何でも買える時代となった。人々も商品も、世界中に流れているからだ。たとえば、ウォークマンを作ったソニーは日本製だが、部品は他の国で作られる。それは外国の人件費が日本より、安いからだ。作られた製品もまた、海外でも売られている。

中国の例は、外貨を稼ぐためいろいろなものをアメリカ、日本、ヨーロッパへ輸出し、鉱産物は国内にあるのに、エネルギー源を海外から求め、そのために世界各国へ自国民を労働者として、パッケージにしておくっている。中国はインフラを輸出している。その結果ある外国の小さな町で、中国の商人が小さな町を作ることもグローバル化なのだ。今も世界でチャイナタウンを作っている。実際に中国は、中国人とお金をアフリカのスーダンに送り、エネルギー資源を得ている。また、その国の多方面に労働力も提供している。最近になってエチオピアでは現地採用をし始めた。

東ヨーロッパの国は、イギリスへ出稼ぎが盛んで、イギリスからの送金で自国の家族は生活をする。しかし、最近のアメリカから発した金融危機のために、主にロンドン、ドバイ、シンガポールに集められた外国労働者は仕事をなくし、国へ帰ることになった。ドバイに世界からの投資金が集まりどうなるのかと危惧していたら、金融も危なくなった。有能な医療従事者や技術士までが他国へ流れている。これもグローバル化の厳しい現象だ。

さらに、フィリピン、インドネシアもグローバル化状況に置かれている。フィリピン女性は香港などへ家政婦として、出稼ぎをしている。日本へ看護師になる目的で来日しているし、アラブ地方へも、出稼ぎに行く。いろいろな職種の人たちが、世界中で流動している現実がグローバル化だ。

グローバル化によって、先進国や発展途上国にも金融危機が起こっている。世界はだんだんせまくなり、そのために人種問題、文化の違い、そして言語上の問題も起きている。世界人口の流動でホスト国は歴史的な文化や伝統が脅かされ、またその国の従来の価値感も崩れていく。それらの問題が拡大すると、民族間で争いが起こり、大きな事件に発展する恐れがある。また移民側も差別を受け、共生という理想的な社会構造構築は難しい。

グローバル化した多文化社会は、アメリカで1950年から培われてきたが、それでもすべてが問題ない訳ではない。それぞれが育った国やその文化は大事にしたいのが国民の心情である。自国の文化や歴史を認識して、初めて他の認識ができるのである。たとえば、移民先の文化や言語に同化し、その国で生まれた子供たちと親との間で、文化、民族のアイデンティティー、言語能力の違いで、家族が崩壊していく。子供は、新天地の文化を知り、そこで教育をされ、親の母国語や歴史文化を子供達に教えられずに育つ。それでも外では労働者に対する偏見も強く、社会的に差別が起こってしまう。

グローバル化で、日本の経済成長によって、米国が日本企業をバッシングすることが起きた。日本車が目立つようになると、デトロイトでは日本車が壊され、日本人と間違われて東洋人男性が殺された。アジア系アメリカ人の間で、市民運動にまで発展した。アメリカでは日本人ビジネスマンは、わざわざアメリカ車に乗っていた。殺人事件まで引き起こされたグローバル化は世界に難しい問題を投げかけた事件だ。

最近のグローバル化で、米国に存在する日本企業もたたかれた。トヨタ自動車のアクセル問題が大きくとり上げられた。アクセルのマットが原因で、事故を起こし米国人が死亡したという。そのために、リコールも余儀なくされ、過去最大のリコール数でもあった。米国滞在中に感じた事だが、日系企業の事件には何かしら政治的なにおいがしたものだ。過去にはクリントン政権時代にかなりの日本企業がアメリカに賠償ドルを払わされている。クリントン氏はこれほどまでになぜ日本を叩きたいのか当時は理解できなかったが、これもしたたかな外交のひとつで、これこそ経済競争と国の力関係だ。とにもかくにもトヨタは大変なことになってしまった。グルーバル化の中で世界は厳しい政治がらみの経済競争をしている。日本の若者にしっかりと世界のグローバル化の厳しい現状を教えなければならない。

Intercultural Communication（国際化）とは？

国際主義は世界中の国々が社会問題、環境問題、医療問題、教育問題等を相互利益目的のために会議、カンファレンス、シンポジウム等をとおして、協力して、お互いに向上していくことだ。しかし、先進国や途上国も含めて、いろいろな思惑があり、国益に利用されやすい危険がある。特に、国連の意義が問われている。日本は資金提供は世界で二番目だが、本当に日本にとって国益があるのかどうか疑問である。

Internationalism refers to the efforts of individuals, often in government, community, organization, schools, and other groups to become informed about international issues. The world is becoming smaller, our lives and futures are becoming more and more interconnected. The idea of internationalism is mutual advantage and it takes a variety of forms, such as international conference, scholar exchanges, medical cooperation. (J. Braun. 1999)

20年前から、「国際交流」の言葉が目立つ。外国人と交わる国際交流は、純粋なものでなければならない。国益にならない事もある。国際交流とは、国と国が五分五分で協定が成り立たなければならない。市民団体、学会研究の政策、教育関係などがすべてではないが、日本側とその相手国と公平な条件を満たさなければならない。たとえば、大学でいえば、外国と日本の大学がむすぶ協定は、二つの学校が同じ条件で研究交流にしなければならないが、日本人学生の他国での留学条件は、受け入れ学生と公平ではない例もある。たとえば労働許可、奨学金、そしてビザの幅などの比重は、日本に入国する学生や外国人の妻達の労働も優遇されていると言わざるを得ない。純粋な国際交流はどんなものかを我々は認識するべきである。

Multiculturalism（多文化共生化）とは？

Multiculturalism recognizes the desire for acceptance and local integration of anyone whose cultural origins are different from the mainstream national culture.（J. Braun. 1999）

世界人口の移動は今も続いている。政治的、経済的、そして人種的な理由で人は国から国へと流動する。アメリカはいろいろな人種の集まりで、共生社会を歴史的に作り上げてきた。そんな世界が道徳的に美しいものでもないが、法律が一人一人を守っているのだ。この結果、人権という視点から見ると、日本とアメリカとでは大きな開きがある。決して日本が遅れているわけでもないが、むしろ日本は人権が感情に流されやすい。日本も現在は多民族国家ともいえるが、アメリカとの違いは自国に対しての国家意識が不足している点である。

たとえば2010年になって、今まであまり重視されなかった外国人参政権について民主党政権が国会に提出しようとしていた。米国でも永住権はもっても参政権は与えられない。その国の国籍をもたない外国人が参政権を持てる国が他にあれば教えてほしいところだ。納税義務はあるが、永住権を維持するために、海外に出ても1年に一度アメリカへ入国義務がある。日本も参政権をもつなら日本人に帰化し、国民として義務を果たさなければならない。おそらく対象は在日中国人や在日韓国人だろうが、市民権がほしければ日本国民になる事は当然であろう。それで、国民として権利要求ができる身分になるはずだが、その基本を求めずに民主党が彼らに参政権を与える理由はなんであるのか理解できなかった。これは国に対する責任の問題で、それを無視して国の根幹事項に関わる外交、安全保障、そして、防衛など、国政や地方政治を問わず、外国人に参政権を与える事はできないのである。だがそれをあおるメディアも多文化国家に対する意識が全く薄いと言える。メディア関係の方々はもっと真の国際化を勉強して報道してほしい。

多文化社会では、帰化しその国の市民になってこそ共生社会があると思うし、素晴らしい社会が作れる。個人の権利を持つ代わりに、何かを犠牲にしてこそ、多文化社会が成立するのだ。それが国に対する責任と義務だ。

ここで深く関わった米国の例をあげよう。

日本人の移民は1850年代で、中国からの移民に次いでアジアからは二番目である。日本の後は韓国とかベトナムへと広がり、東南アジアからの移民を受け入れるようになった。日系人と呼ばれる日本人の移民者の多くは現在では4世か5世の代である。いろいろな差別、偏見を受け、第2次世界大戦（太平洋戦争）の犠牲になり、そして、戦後は経済戦争であった。米国ではいろいろな人種が集まり、お互いに人権を守りながら、経済的に、社会的に、そして精神的に自立しなければ生きていけない。これがそのまま日本に通用するかといえば難しい。だから、我々日本人はグローバル化に対応できるように勉強しなければならない。日本社会もグローバル化や国際化が起こり、国内ではいろいろな文化言語背景の違う人々の共生社会が生まれているが、将来に社会の変化に対応ができるように、社会面や知識面を学校で準備していかなければならない。

世界の三つの動きを認識するために、多文化教育を教育科目としてカリキュラムに取り入れなければならない。高校教育か大学教育の中で必須にしなければ世界競争に参加すらできない。

(二) 国際化教育の人材不足

日本の国家公務員や地方公務員もすべてに共通して言えることは、真の国際化を実践するには人材が不足していることである。すでに世界競争から落ちこぼれているのに危機感もない。平成26年10月にTHE(タイムズ・ハイヤー・エデュケーション)は教員が持つ学生数、引用論文などの項目からなる世界ランキングを発表した。日本で選ばれたのは残念ながら東京大学と京都大学だけだった。日本国民は失望したであろう。日本政府は教育国際化〝グローバル30〟と呼ばれる政策のもとで13の大学を選定した。英語圏ではない日本が留学生を受け入れ、財政難や人材難の折から生活費の支援を実践しているが、日本側の大学にどれだけの利益があったのか明らかではない。どれくらいの外国人卒業生が日本の社会で貢献できているのか検証するとよい。

平成26年には〝スーパーグローバル大学〟という名で各大学が選ばれた。条件はこれから10年間政府の支援を受けながら、世界ランキング100位以内を目指すものだ。しかし、理念とその内容が定かでない。教養科目でさえ教育改善が見られない大学教育は、なぜ動きがこんなに鈍いのだろうか？ これがけっして人口減少のための対策であってはならない。

人材不足対策において、現在は外国人教師（Ph.D.）取得者を任期制で雇用しているが、実績を重んじて個別的に任期を変動させることもできる。そして、日本人の大学職員が、指導力実績を判断して定年制も延長する。優秀な研究者は大学に残ってもらう事も改善策で、講義を英語でできれば、給料を1割でもアップして、実績を重視した雇用制に変えることもあり得る。私も取得した〝ベストティーチャー賞〟なども一時金でもよいが、他の若い教師にも機会を与えるために、時々は褒美を出すこともよい。

公務員職員にはさまざまな職種がある。特に大学において事務職と教員職はお互いに助けあってこそ学生サービスができるのだが、大学の国際化は人材不足が大きな問題になる。数年間、大学で国際部（留学生）に関わってきたが、国際化の意味を大学全職員が本当に理解しているかどうか疑問である。

国公立大学は2000年ごろから、留学生受け入れを準備したが、国際交流やその国際化を認識できる教職員が育っていない。また海外へ日本の学生を送り込む学校開拓を各大学は行っているが、事務職員や教職員は海外と交渉するための言語力や交渉方法を知っていないと業務ができないので職員の人材育成をしておくべきだ。しかし、現実の状況といえば現場の職員の労力は大変なもので、留学生受け入れサービスが彼らの加重労働となり負担になっている。国際化がなんであるのか理解できていない人々が政策を作成し、彼らがその中心になっている事も問題なのだ。学生の受け入れや、海外に学生を送る業務をするためには、最低でも海外の大学生活経験と外国語が出来る職員が必要である。

言語のスキルや海外経験がないと、どうしても西洋文化に遠慮し、日本の大学なのに西洋文化や留学生のために、教員までが、ルールを曲げ妥協することになる。よって学生たちや外国人教員に、日本の学校や日本人の文化まで軽く見られてしまう。将来は職員採用は学歴重視でなく、仕事がこなせる教職員を採用すべきである。

留学生が入国すると、国際交流会館という外国人だけが住む寮がある。この名前についても私は首をかしげる。以前は、1年ほど入居し日本の生活に慣れてから、個別にアパートや住宅に引っ越しをしていた。主事という立場で勤務を開始した当時、大学が留学生を受け入れる環境は作られていなかった。国際交流会館はごみだらけで、お金を集めるためにホテルから持ち寄った粗大ゴミやシーツなどで学内スペースが使われていた。当時は日本の経済が豊かであったので、留学生への援助精神があったのであろうが、環境としてはまだ国際交流をするほどのレベルではなかった。現在は留学生の経済力も高くなり、市民が彼らを援助する雰囲気はだんだん消えている。以前勤めていた大学では日本人学生は1年間寮として国際交流会館に住めたが留学生は4年間住み、不公平が今もある。

大学の留学生が住む場所にウエブサイトも使えなかったので、海外から学内にアクセスができなかったこと、大学内からも情報が出せない状態だったが、それでも留学生を受け入れていた。当時入居した留学生はこの状態に本当に驚いており、かなり失望していたと感じた。

大学はその必要性に気が付いていたかどうか定かではない。さらにいろいろな国から来る留学生に対する日本の生活指導や日本語訓練にも問題があった。

また、留学生に関して、入学から住居、法律違反、そして、事件事故などが起これぱほとんど国際部に警察からも連絡がはいる状態だ。つまり留学生のすべての行動に大学側が責任を持つという考えが日本だ。そうではなく、学生自身に責任を持たせる指導からはじめることが必要だ。

来日すると誰かがお世話をしてくれるという日本側の対応の仕方を見て、責任を持たなくなる学生も存在する。また留学生の多くは奨学金である程度の生活が保障されている。よって留学生は特に短期で来る学生にとっては、日本は豊かで自由があるのだ。生活費を与えられ、英語で講義を受け、１年間日本に滞在できるのだ。他国では考えられない援助だと思う。それを管理する職員には政策改善を求めるものは少ない。声が出せないのかもしれない。日本の大学の現場に、かなりマイナスの影響がある事を文部科学省は認識しているのか疑問だ。日本の国際化は一般市民と比べて、驚くほど現実離れしている。

また教育カリキュラムの国際化にともなった世界の学生教養科目カリキュラム情報がどれだけ与えられているか疑問を持っている。文系も理系も学生は教養課程で民族意識、文化歴史、国家観、そして日本人のアイデンティティー形成、文化を相互理解する基本的な知識を教えなければならないのだが、その分野はまだまだ開拓されていない。人材育成もされていないので、海外から帰国した日本人や外国人教員を雇用しても、日本の文化を教えられておらず、また、海外比較が出来る人材も少ないので教育にマイナスだ。このような状況で、すでに国際競争に遅れを取っているのだ。さらに留学生として来日した学生が修士号をとれば、すぐ講師として雇用することにも疑問をもっている。そして永住権をとり彼らにとって日本は住みよい場所となっている。特に英語、中国語等の語学を担当するものも最低、博士号をもち他大学での経験を必須としなければならない。けっして人間関係優先になってはいけない。さらに国の外交上においても雇用は慎重にチェックが必要だ。

解決策として、職員は資格にこだわらず、まずは実績がある人材を雇用し、職員にも教育を受けられる機会を与える事が大事だ。教育機関はもっと国際化教育の人材育成に力を入れるべきだ。実践に強い職員が必要で、職業の競争意識を持たせる制度もつくり、さらに、日本人学生を留学生と生活させ、住居管理ができるアルバイト雇用に力をいれると、留学しなくとも留学生が理解できるはずだ。実社会に出る時に役立つインターンシップ制度と学生の生活経済援助を目的とすれば、彼らの自立に必ず役立つと確信する。

㈢　日本の英語教育の課題

日本の国際化教育の三つ目の問題は英語教育だ。帰国して改めて感じたことは、日本の教育が国際化へとギアを変えてはいるが、全体的に整理できていないことだ。日本の公立学校は英語を外国語として教育を実践しているが、ほとんどの人が満足していない。まず、現在の中学生と高校生の英語教育指導の見直しが不可欠だ。留学を希望する学生にも第二の服部君のような犠牲者を作らないように、学生が日本人として安全にそして、有意義な留学生生活を送れるようにする事が必要だ。

現在の学生は義務教育3年間、高校時代3年間、大学2年と英語教育を8年受けている。しかし、あまり英語力は効果があがっていないことを国民は知っている。メディアがよく外国人を題材にした番組を制作し、その為に英語と英語圏にあこがれを持つ国民性になったのも事実だ。今も外国人、特に白人社会にあこがれる学生が多いが、残念な事に日本人の多くは、英語で話すことが何か特別扱いされるという甘い考えを持っている。日本人としての英語教育方法を真剣に考えなければならない。

一　英語に対する日本人の問題

故郷に戻り、中国地方にある某大学に赴任した。実家に一番近い大学を選んだが、はじめは長く日本に滞在する気はなかった。米国で日本語を使わず、英語を普段から使っていたので、顔や口元の筋肉が英語を話す顔立ちになっていた。それくらい口元の筋肉が発達し、アメリカで中国人によく間違われた。実際に日本語がすぐ口に出ない時が続き、今も学問的な日本語訓練を受けた経験がないので、学問的な日本語が上手く書けないコンプレックスがある。板書で学生から間違いを指摘され、恥ずかしい思いもした。当時は官僚が使うような日本語からほど遠い日本語を用いていた。電子メールでも日本語で書く時、人から少し理解されていない場合もあった。

この地方の大学の学生達は、英語を使いたい理由で、その地方の大学を選んだらしい。学生の多くは英語ができれば、将来役立てると思っているようだった。その地方大学の大げさな英語教育の宣伝が、実際のカリキュラム教育とはかけ離れており、学生も私も失望した。英語教師の実力とカリキュラムがともなわず予想していた通り、多くの学生は卒業時に英語をコントロールできないまま実社会へ出て行った。

仕事を始めてしばらく時間が経つと、日本の英語教育問題がだんだん見えてきた。ひとつは大学入学以前の中学校、高等学校と6年間英語を学び、さらに大学2年間も英語の教育をうけているが、修了してもほとんどの学生が、英語で会話コントロールができていない事を前にも述べた。大学入学時は専門知識の高い学生の多くは、単語力も高いが、英語は会話程度を話すこともできる。しかし、英語で議論まではできない現状だ。これは一部を除いて、多くの大学の現状であろう。大学という場所は英語を教えるところではなく、英語で教養を身に付けるところだ。英語科目は、学問として捉えるのではなく、語学習得科目であることを教師側は理解しなければならない。しかし、ある大学英語教育カリキュラムの中には、高校と同じ教え方をしているところもあり、多くの大学は外国人講師に実践クラスを任せており、日本の英語専任教員によって外国人語学教員の授業が検証できていない現実もある。

次の問題は、日本の若者の間で、白人外国人に憧れを持ち過ぎることだ。これもメディアの影響であろうが、若者だけでなく大人もあこがれが強いのが、アジアの傾向でもある。日本人の英語で充分なのに、なぜか話すことから引っ込んでしまうのだ。英語習得の過程で英語を担当する教師は、日本と英語圏の文化の違いをしっかりと説明をし、若者に自信をもたせるのが重要だ。また世界言語で英語が一番ではないと言うことも教えないといけない。あくまで憧れではなく、英語はツールとして教えることだ。高校で、外国語として英語のみならず第2言語選択のカリキュラムがあってもよいと思う。

多くの大学生や高校生が、英語を話せる仕事につきたいとか、国際交流の仕事に就きたいとよく言う。さらに海外で職に就きたいとか、国連のような仕事を選びたいとか、海外はきれいごとばかりだと思っている。よほど日本は恵まれた国で問題がないと思っているようだ。一度海外へ出て、カルチャーショックを受けないと若者に自分の国を考えるために効く特効薬はない。今の教育現場に海外経験をもつ教師が必要だ。

多くの大学生は受験競争を突破して希望する大学に入学をするが、学生は暗記力や受験訓練で大学入学を果たす。実際に考える力が不足している。日本の歴史を聞いてみると、学生がどの程度考え、そこから学んでいるかよく見えてくる。海外への憧れが先にたち、わが国のために何か学んで貢献したいという学生には一人も出会っていない。ほとんどの学生は将来に対する考えが現実的でない。その学生達に対していつもアメリカのケネディ大統領の言葉を言うことにしている。“What can you do for your nation?” 国は国民のために働くが、国民は国のために何ができるかという言葉で国民に聞いている。

言語習得問題の原因は、教育の場でこなされるカリキュラムにあることに気付き、その改善をしなければならない、と教育機関に本気で訴えてきた。アメリカのルイジアナ州で過去に起こった服部君事件の原因からもなにも学んでおらず、語学教育は変わっていない。英語を使って話したいし、海外に行ってみたいという希望の若者は増えているのも事実なので、もっと日本の国の将来を展望したカリキュラムをそれぞれの教育現場で考えなければならない。

学生や若者の多くは英語を話す機会が少ないのも問題だ。現在私は、大学院と学部共通科目として、社会学と教育学を含んだ、多文化教育入門を担当している。これは海外へ行く前と就職前の準備クラスだ。クラスが始まる前、学生たちの多くは世界の動きにあまり関心を持っていない。日本は経済も安定し、すばらしい国だと思っているが、国の将来について危機感がまったくない。しかし、講義後半になると学生もグローバルの問題意識が高まってくる。外国に憧れて、英語を話すことに憧れている学生に、世界人口動向や世界情報を話すことによって、少し危機感が生まれてくる。日本人として自信を持たせながら、英語教育もしている。あるとき、「日本人学生は英語が下手だ」と、アジアのある国から来た留学生が、堂々と大講堂クラスで発言した。とっさのことで驚かされたが、「日本の学生は英語語彙の知識は高いが、英語を話す機会が少ないためにそれが見えないだけだ。決して下手ではない」とその学生に対応した。日本人学生は驚きとショックを感じたようだった。日本はこれほど時間とお金を費やしているのに、なぜ英語教育の効率があがっていないのであろうかと腹立たしくなる。その意味で、留学生と日本人が一緒に勉強をするのは日本人学生にとって刺激になると思った。留学生とのクラスは危機感がもてる効果がある。

中学校や高校の教師に聞けば、受験教育以外の余裕はないと切り返すであろう。日本の英語教育は間違っているとは言わないが、日本人向けの改善をしなければならないと、焦るばかりだ。しかし、大きな組織では一人では戦えない。だからこうして世間に訴える行動をとることで、国民の皆さんに理解してもらえたらと思っている。中学校からの英語教育を改善しないと、世界競争に遅れを取るのは当然で、グローバル化の大きな潮流はそこまで押し寄せている。税金は無駄なく使って頂きたい。

二　外国人を使いたがる日本メディア発想問題

英語圏に長期滞在すると、英語圏の国が世界をリードするのが当たり前のような気がしてきた。自然に日本の存在を小さく感じてしまう。短期外国旅行をしても、現地でどんなに人種差別を受けているのか見えないし、人種差別をされても、日本の国民の皆さんも気付かない事がある。それは日本国民の多くが、分かっていても、差別として受け止める事ができないのではと思ってしまう。それでも日本の若者は英語と外国人にあこがれる。日本人のアイデンティティーが薄れる中で、日本人の若者は外国人からの人種差別を受け入れていると思ってしまう。

これは日本の戦後教育の影響なのかもしれない。白人社会へ憧れが半分、言語に憧れが半分、他の要因は日本の日常生活のゆるさなのかもしれない。日本のメディアが英語圏の外国にあこがれを抱くような番組をどんどん作り、国民に影響を与えていることも無視できない。

私は全学教育の一環として教壇に立っているが、対象は大学1年生、2年生だ。大学院生共通科目も担当している。過去数年間にわたり、学生たちにアンケートや聞き取りを続けてきた。

ほとんどの学生は英語を必要とし、世界に出て経験を積みたいという答えだった。特に世界の医療に、国連に、外務省、そしてＮＰＯで貢献したいと、格好よく答える学生が多い。しかも彼らは、優秀な学生たちだ。現実をあまり理解できていない学生が、夢を語るのを聞いた時、大学前の教育の体制に空しさを感じる。彼らの貴重な時間を奪っているのは教育政策だ。そして教員一人一人の意識の問題でもある。

ある時、高校時代に海外留学をした女学生に、個人的にお付き合いをする男性の好みを聞くと「ホワイト（White）」がよいと何も考えずに答えた。数人の日本人男子学生の前で彼女が言ったのには驚いた。彼女はまだ学部1年生で、自分の言葉がどれほど重要なことかを考えずに口にしていたので余計にショックを受けた。帰国子女であっても日本でも白人優先をしている。

町の英語塾の雇用主は外国人講師の月謝がいくら高くてもネイティヴの講師を選ぶという。日本の市民が、英語圏でない白人の外国人から英語を習っている現実をみると違和感を覚える。英語だけではなく、韓国から来た学生などは、学生の身分で1時間3千円の料金で韓国語を教えている。日本人の平和ボケかどうかわからないが、現状をみると外国人にとって日本はとても住みやすい国だろう。さらに日本人の多くの学生は英語会話と英語文法をまったく切り離して学ぼうとする。英会話を勧める日本人生徒の母親は、英語教育をほとんど理解せずに、わが子を会話へと騒ぎたてる。会話の基礎は文法だが、そんなことよりも、顔も、声も、発音についても白人をえらぶ傾向がある。教育経歴がなくてもネイティヴであればよいということだ。

読売新聞教育「ルネサンスの愛国心」シリーズ記事の中で、留学をして帰国した生徒から「先生、これからは日本人の意識を捨てないと世界に通用しませんね」と言われたそうだ。その先生は、それからは留学前に愛国心や日本文化についての特別教育に力を入れたと書いてあったが、まったく同感だ。海外でも韓国系アメリカ人に言われたことがある。「何故日本人は韓国文化に憧れを持つのか理解できない」。それはＮＨＫが先頭に立って韓国ドラマを放送しているからだ。

ある留学生は「日本の皇族は国民に尊敬されていない」と発言したことがある。日本国民が皇室を敬っていないというメッセージと受けとったようだ。これも皇族に対して解説者やメディアが口を挟むからだ。いかに日本にとって皇室が外交・政治に大きな役割をされていることも学生に教えなければならない。このように国家意識欠乏と愛国心が見えない日本のメディアが留学生や日本人の若者に悪影響を与えている。日本のメディアが国民に対し、悪影響を与え続け、その影響を受けた国民に外国人とどう向き合えと言うのか？　ある外国人留学生から、日本人は白人にあこがれをもつのはおかしいとコメントがあった。なぜ若者はアメリカの文化や言葉に影響され、日本人を卑下するのか。テレビ関係の皆さんは日本人に多大の影響を与えている事を認識しなければならない。

さらに、日本人が英語症候群になるのは、今始まったわけではないが、テレビの宣伝は外国人を使うほうが、効果があるとスポンサーは思っている。ＮＨＫも外国人を出演させたがる。あるハーフの日本人たちは、わざわざ髪を金髪にし、より欧米人に見せかける。そして、鼻まで整形して番組に出る。バラエティーに出る日本人も、わざわざ髪を金髪にする。日本の社会に受け入れられるように「外国人憧れイメージ」に努めるのだろう。外国人教師の中には、日本語を使わず英語で職員との会話をする。とても興味深いことだが、日本語を使うと、日本人からちやほやされないからだということを外国人から聞いたことがある。

一方日本人の中には、番組で髪を染め、瞳を青くする。歌う歌詞も、ほとんど英語のフレーズを使う。しかも、単語だけの短い文で勝負している。帰国して、初めてサザンオールスターズが歌う番組を聴いて驚いた。日本語を日本語英語のように発音しているのだ。やたらと英語の発音風に歌い、とても聞き苦しかった。彼らがよいと思っても全く思わない人もいるし、彼らの歌詞は日本語と英語の意味をごっちゃにまぜて、すべて一つの意味として使用してしまうので、私のような高齢者には絶対に理解できないだろう。

特に公務員、民間、NHKは外国語を使用したがる。それが県庁、市、町へと全国へ広がる。英語をそんなに使いたければ、全部英語で話せよと、言いたくなる。なぜ日本人に向かって、英語を使用するのか？　適当な日本語に訳せないので一時しのぎに使うのならまだいいが、かっこよいという理由ならば考えが浅すぎる。

メディアが使うことから和製英語を話す若者も多いが、これらの言葉は外国人には通じない事が分かっていない。例えば、アウトソーシング、コンプライアンス、そして、ジェンダー、アクセス等の、難しげな英語を日本語に混ぜて使っている人が多くなった。これもメディアと行政機関の公務員の責任だ。なぜこのような現象が起こるのか。日本人の西洋人に対するコンプレックスなのかもしれない。この現象は年々ひどくなる。美しい日本語を見直し、その深い日本語を使いこなせるよう文部科学省は何か対策を採らなければならない。

三　人種差別を受け入れている日本

前にも述べたがアメリカで日本の女性作家が書いた「Yellow Cab」いう本を見たことがある。日本人が渡航した理由や、女性がどのような生活をしているのかを、本にしたものだ。非常に内容的に真面目に生活している人も書かれていたが、麻薬に包まれたような生活ぶりも描かれていた。東京からニューヨークへ憧れを求めて渡航した女性たちだが、一部の人が「Yellow Cab」のような行動をすると、アメリカ全土で日本人女性がそのように思われることが当時はショックであった。作者はどういう理由であのタイトルにしたのか知らされていないが、あのタイトルを使ったことに、怒りをもった日本人が学内で当時多くいた。アメリカ人の友人が言うように日本人女性を卑下する言葉をタイトルに使うのが理解できなかった。当時、日本人としての教育が本当の意味で置き忘れられていた。だから、自国民を誇りに思えなくなり、著者の真意はわからないが日本全体が下を向いていたのであろう。

日本人は、その意味が本当であれば、みずから人種差別を作り上げているのではないかと、このタイトルから思い始めた。そもそも太平洋戦争が始まったきっかけは、白人諸国の黄色人種への人種差別が大きな誘因であったとも言われている。現在の日本には戦争を放棄するという憲法があり、隣国のひどい反日行動にも無抵抗だ。今まで日本はこの隣国の反日政策に対抗できる国際教育をしてこなかった。すでにこの戦いは数年前から始まって、現在ではとても過激になっている。われわれはきれい事ではなく、堂々と議論で戦う姿勢を持つ国際化教育をしなければならない。戦争にならないための国際教育の理解を深めて行ってほしい。

今までの歴史を見ると隣国の反日政策に反論をしていないことから、世界からは、反日を受け入れていると思われている。極端に言えば、自分の国を失うかもしれないという危機感をも感じる。また海外で出会う日本人は、日本人と会うのを避ける傾向がある。日本を誇りに思えないからであろうか？　これは教育界とメディアが、子供たちに日本の歴史を否定し、日本人を誇りに思えないように教えてきたからだ。

他国から受ける人種差別は当然だと、日本人の多くは抵抗を見せない。日本人の若者のほとんどが英語症候群になり、英語圏にあこがれ、外国人にあこがれ、自国にないものを求める。相手の国で本当の姿を見ないうちに、日本国内で外国人と異性関係を持って苦労をする女性も存在する。またある人はその経験において、言葉やその国の文化を学び、将来の道で日本に貢献できる人も出ている。それはどのくらいか分からないが、そういう若者を増やしていかなければならない。

四　一般社会の英語コンプレックスの課題

多くの日本の若者は英語の語学習得のために海外へ自費で渡航する。彼らの多くは勉強をして海外経験を生かし、帰国後、就職試験に臨むのだが、一昔前までは、会社側から「箔をつけるために海外へいったのか」と、よく聞かれたという不満を聞いた。まじめに勉強してきた若者を、しかも自費で留学した若者を、このように冷酷に扱う会社もあった。このケースは、学生の間で大きな問題となった。いつまでもこのようなやっかみを持つ大人が、現場にいる限り日本の国際化は進まないであろう。しかし、中国や韓国は、留学経験者を優遇しているそうだ。

自分も過去にやっかみをもたれたことがあった。何年振りかで姉の病気で帰国した時、東京にいる古い友人と会った。友人に「君は自由でいいね」といやみを言われた。その時初めて、友人達が自分に妬みを持っていることに気がついた。こういった種類の人々は「頑張っているね」という言葉がない。その友人にそれ以来30年も会っていない。

ある中国地方の人口5万人ほどの小さな町で起こったことだが、ある年のハロウィンの夜に、私は静かな日本料理店で食事をしていた。ALTの若者が2、3人の友人達とその店でお酒を飲んでいた。そして、ハロウィンのコスチュームに着替えて、大騒ぎを始めた。私も他の客も食事を楽しんでいたが、ルイジアナでハロウィンの夜に日本人の学生が撃たれたことが脳裡に浮かんだせいか、黙っていようかと思ったが、食事を楽しんでいる場を邪魔されたくないという思いで、日本語で静かにするよう注意をした。その店の主人は、外国人は好意的に受け入れているようで、彼らが何をしようが注意をしなかった。日本人は外国人をみると、お客様扱いをする。反対に米国や英国で日本人に特に好意的になることはあり得ない。日本人は、白人をみると丁重に扱う。外国人と一緒にいれば自分まで大きな態度をする日本人が多い。これが一般市民の英語コンプレックスかもしれない。お客様扱いをし続けると、外国人は日本人からの親切に慣れてしまい、だんだんと彼らの態度が日本で大きくなって行くケースが多い。

スナックやバーなどに外国人を連れて入ると、日本人は本人が「箔」がついたような気になるようだ。少しでも言葉を交わせばおごるし、なれなれしく会話に入ってくる。女性の外国人なら、体の一部を触るものも出てくる。選挙運動に外国人が利用されることもある。外国人を特別扱いし、利用する日本側の教育こそが問題である。白人に弱いのは、これこそ外国白人へのコンプレックスで、特に英語圏国の白人の人々に平常心で接することができるような国際化教育をしたほうがよい。

五　ワールドイングリッシュ（English Imperialism）

ＡＬＴ組織を構成しているＪＥＴプログラムの資料を見ると、かつてフォード財団が海外で英語やその文化を普及させたと同じことをしているように思える。日本はその方式ではリードしている。英語圏の文化を普及させるために、いろいろな活動を日本の市や県内で行っている。ハロウィンは米国と英国のイベントなのに、幼い児童などに意味も教えずに、それを楽しませている。また歌やゲームなどをとおして、欧米文化を教えている。ただ残念なことに日本の伝統教育は優先されていないこともある。さらに英語圏の文化と英語を普及することを建前にして、逆に日本人の英語コンプレックスを増加させることや、西洋かぶれになるきっかけを作っているかもしれない。日本人の英語教師でさえも、英語が話せることで優越感を感じているようにさえ思える。英語は特別ではない。さらに子供たちの英語の参考書など英語教材のビジネスは、日本が世界で一番経済効果があるらしい。しかし、英語力は向上していない。

最近、東京大学が外国からの留学生を受け入れるために、秋入学を実施する意向であることをニュースで知った。まだ実現されていないが、大きな流れとなっている。これはもっと世界から優秀な学生を集めたいからだという。これは日本人にとって何のメリットがあるのか？ これによって日本の学校は春入学が変更になるかもしれない。英語圏ではない日本が、なぜ留学生のためにここまでするのか理解できない。企業との関係もあるかもしれないが、他に我々が知らない理由があるのかもしれない。

海外から教員を雇用してまで、留学生のために英語で講義することも理解できない。日本人学生に還元できれば文句はない。世界の優秀な留学生はまず英語圏を選ぶ。政府もこのところ日本人学部生を海外へ留学させる数を倍増した。さらに英語教育も小学3年生まで下げた。これに加えて外国からの留学生を10万人から30万人まで増やす方針だ。これもすべて英語が世界の言語だからだ。グローバル化、国際化政策の名のもとに教育方針がおかしくなっている。国内の教育の質を優先するべきで、海外からの留学生を入学させるために、わざわざ日本の伝統慣習を曲げるべきではない。

六　語学教育現場の問題

日本の市立中学校や公立高校の英語教育方針は30年前と基本的にあまり変わっていないが、教え方が変わっている。中学と高校にALTが入ってきたこと、それと文法があまり教えられていないことだ。中学では外国人と英語教師が組んで教えるチームティーチングがある。もしこれが小学校の英語科目に入ったら、一体どのような教え方をするのか不安だ。全般的にそのために中学校の英語教育の質が、昔より落ちたように感じる。

某県で、ALTが教える学校のクラスを参観し調査をした。現在も大学以外でも地域貢献で語学習得に力をいれているが、やはり日本は、英語教育の基本内容を変えなければ世界には勝てないと強く思う。日本人の英語教師の教授法に工夫が必要なのだ。日本の国際化のための語学教育、特に英語教育に問題があることは、ほとんどの大学生が感じている。日本の英語教育カリキュラムの中にSLA（Second Language Acquisition）第2言語習得の専門家が見当たらない。英語教育に於いても、比較文化の認識の教授法訓練を受けている日本の教師が少ないので、もっと国内外の研修などを受け、技術を磨くべきである。そのために税金を使うべきだ。

地方の大学に勤務することになったとき、研究者としてまず研究課題を決めなければならなかった。多文化教育と第2言語教授法の語学問題を研究してきたので、語学問題の研究調査のため、公立高校や中学の英語授業を参観することにした。教授法の研究から始め、地域文化と歴史に理解を深めることも考慮し、現場に足を運んだ。参観授業の中で中学校英語教育の教科書を見る限り、教えるポイントが我々の時代よりは不明確と感じた。教師は学生達が学外塾で当然に英語を学んでいると思っているのか、文法上のポイントをしっかりと抑えていないと感じた。教科書を見れば文法ポイントはばらばらに散らばっている。ポイントが統一されていれば、学生には理解されやすい。そして、一つの文を並べて覚えさせるために、高校で、構文のように教えるのだが、文法的な説明が不足している。高校では課題として、家庭で勉強をさせる量が多い。1年をとおして何を学んだのかを整理をし、覚えた英語を応用し、話せる工夫があってもよい。

教え方といえば外国人が加わり、教員2人で実践しているTeam Teachingの方法だが、チームティーチングとは何なのか疑問である。まさかテープレコーダーではあるまいし、実際は日本人の教員が文を読んだ後、外国人教師が何度も英語で繰り返している。外国人教師として雇用された若者は、この状況に不満があると思う。彼らは語学教育訓練を受けている人たちではないが、彼らにできる事をもっとしてもらった方が学生のためになる。本当は日本人の教員でこなせればよいのだが。

七　ALT（Assistant LanguageTeacher）制度

文部科学省がALT人口をもっと増加させるというニュースを聞いた。一体誰が日本人の子供に英語を教えるのか？　日本人教師は必要なのか？　1986年にALT派遣制度を決めた時代は、米国との貿易収支が増加し、この制度にお金を使う判断をしたと思われる。当初から教育方針を深く考えず、安易にはじめ、過去において検証も行われず、長期に継続している。私はALT制度を廃止し、日本人教師になるために海外研修や国内研修にそのお金を使うべきだと思っている。

ALTの給料に対して、もっと労働条件を日本人教師と同じようにして、教育に時間を費やしてもらわなければならない。さらに住居も保険も日本人と同じ条件なので、夏休みまで給料を払っているのなら、もっと責任を持たせ特別扱いをするべきではない。現在のALT制度を否定しているのではないが、大金を使っている割には効果が上がっているとはいえない。将来において日本人が経験を積み、日本人にマッチした方法で、英語が教えられる日がくると確信する。ここでALTの課題について述べたい。

ALTの若者たちは世界の国の領事館で採用されている。英語圏や他の国で大学を卒業した者を学部は関係なく募集している。合格した若者は希望の職種をえらぶ。公共施設で働く人もいる。募集をするのは、各国の日本大使館や領事館で、審査は現地で行われる。日本で働くことになった若者は、東京に集まる。場所は希望通りに受け入れられる事もある。旅費もすべて日本側から提供されるのだ。東京で集まった若者はそこでオリエンテーションを受け、その日から教師になるものは「先生」と呼ばれるのだ。そしてすべてではないが希望した各県に配置されていく。

条件として給料は月約30万円、保険、住居、交通費などすべて日本人教員と同じ雇用条件であるようだ。しかも有給休暇も季節ごとの学期末休みも取れる。専任教員よりは労働時間は少ない。任期は最高で3年、1年ごとに延長選択が可能である。しかし、職種を変えれば3年以上滞在できる事もある。なかでも年間の夏、冬休みは労働勤務なしで、給料は支払われ、地方でよく彼らは旅行を楽しんでいる姿を見かける。これは我々が希望する本当の国際化ではない。各県で、たとえば、中国地方のある県は約100人(2000年)くらいで毎年増加している。この数は全国すべての県の雇用数を見れば相当な数になる。

ALT制度は国策である。採用されるとすべて日本の国の税金で彼等の費用がまかなわれる。入国までに、

1　出発前のオリエンテーション
2　来日直後のオリエンテーション
3　それぞれの職種オリエンテーション

地域	人数
北米	36,000
ヨーロッパ、ロシア	12,000
アジア、オセアニア	8,000
アフリカ	440
中南米	400

ＡＬＴ出身国の過去の実績

JET program 資料, 2014

ＡＬＴの業務は
1　Team Teaching の参加
2　外国語教材の作成
3　学生との日々の活動参加
4　ＥＳＳ、スピーチなどの指導
5　部活動に参加

日本は国家公務員のような身分を大切にする。留学生にも同じ事が言えるのだが、彼らはいきなり国家公務員か地方公務員扱いで、一般市民より階級が上のように地方で扱われる。海外では考えられない扱いだ。ＡＬＴメンバーへのサポートは次のようにいたれりつくせりだ。

1　きめ細かなカウンセリング
2　日本語通信講座のサポート
3　各種保険—事件や事故にも対応する

日本社会では、日本の若者が雇用問題で悩んでいるのだから、もっと訓練された日本人を使ってみてはどうだろうか？

都道府県・政令指定都市別参加人数 2012-2013

2012年7月1日現在

都道府県／政令指定都市名	総計	アメリカ	英国	オーストラリア	ニュージーランド	カナダ	アイルランド	フランス	ドイツ	中国	韓国	ロシア	ブラジル	ペルー	スペイン	イスラエル	イタリア	南アフリカ	アルゼンチン	ベルギー	フィンランド
北海道	233	119	17	7	18	50	2			4	2	1	1					5			
青森県	128	96	6	3	6	8			1	2	3	2									
岩手県	23	11	3	2	1	3	1			1											
宮城県	59	34	3	3	1	15	1											1			
秋田県	107	53	8	9	6	13	4			3	3	1						1			
山形県	81	36	9	5	7	10	8			1	3										
福島県	131	52	18	14	8	27				1								3			1
茨城県	44	26	6	2	1	5		1	1									2			
栃木県	30	16	3			5	3		1	1								1			
群馬県	119	72	5	9	7	16	1										1	3			
埼玉県	87	44	9	5	8	9	1	1	1				1					2	1		
千葉県	56	43	3	2	2	2	1	3													
東京都	10	7	2			1															
神奈川県	4	3		1																	
新潟県	99	54	11	4	4	10	2			4	1	1						3			
富山県	89	59	5	2	1	6	2			2	1	1	1					2			
石川県	115	64	10	5	5	10	5	1	1	3	2	1	2					2		1	
福井県	92	50	9		1	12	5			2						1		7			1
山梨県	58	36	4		5	3	2	1					1					1			
長野県	72	58	4	2	5	1				1	1										
岐阜県	63	34	5	5	2	10		1		2			1			1		1			
静岡県	108	45	19	7	7	15	4				1		3					1			
愛知県	12	5	2	2	1										1		1				
三重県	106	59	7	7	5	12	2			1			1					4			
滋賀県	93	64	4	6	8	6	1						4								
京都府	91	53	16	4	6	5	2	1		1								2			
大阪府	73	38	6	7	2	16	2											1			
兵庫県	189	93	15	23	15	26	5	1		1	1		1					2			
奈良県	57	32	5	3	2	5	1			2	1							3			
和歌山県	48	34	2	3	5	2					2										
鳥取県	67	28	7	2	5	6	1	1	1	3	7							2			
島根県	79	51		3	3	2	4	1		5	4	1						1			2
岡山県	55	21	5	7	1	19															
広島県	107	53	13	6	11	10	4				1							7			
山口県	51	27	8		4	5	1			2	1				1			1			
徳島県	81	52	6	4	2	9	2		2	3								1			
香川県	40	15	14	2	2	3				1	1							2			
愛媛県	104	43	16	4	11	11	4			1	1							2			
高知県	97	49	13	14	5	10				2	2										
福岡県	114	68	5	4	8	6	2			1	2							7			
佐賀県	51	31	7	3	3	3			1	1	1										
長崎県	180	86	26	13	9	12	5			9	9						1	3			
熊本県	100	67	13	2	7	7					1							2			
大分県	86	47	8	5	4	10	3	1	1	1	2							1			
宮崎県	76	41	6	5	2	7	1		2	1	2							6			
鹿児島県	135	67	26	6	6	12	3			7	3							2			
沖縄県	87	55	2	2	2	7	2			2	1			1				2			
札幌市	40	20	5	1	2	3	3		1	1	1	1						1			
仙台市	68	19	9	7	3	7	3											8			
横浜市	1					1															
川崎市	1			1																	
名古屋市	1	1																			
京都市	36	12	12	1	2	2	1											5			
大阪市	20	4	3	2	4	2	3			1											
神戸市	114	51	5	24	8	7	7											1			
広島市	3	1			1		1														
北九州市	18	3	3	1	1	5				1	1							1			1
福岡市	4	1				1				1	1										
千葉市	1	1																			
さいたま市																					
静岡市	16	11			1	1															
堺市	2				1					1											
新潟市	7	2						1		1	1	1									
浜松市	5	2		1	1		1														
岡山市	2	2																			
相模原市	1					1															
熊本市	33	13	4			5	1		1	1	1							3			
総計	4,360	2334	432	262	248	477	107	14	14	78	64	10	16	1	2	2	3	105	1	1	5

JETプログラムサイト資料より

使われるお金はすべてわれわれの税金であり、日本全体を考えると大きい額になる。47都道府県のほかに神戸市を始め県以外にも、主要な市の数十箇所にもALTは働いている。かつて1986年に中曽根首相時代に作られたもので、現在もこの制度は「JETプログラム」として、日本の英語教育で受け入れているのである。これが日本の国際化教育だ。

現在は小学校、中学校、高校もALTによる授業がある。日本では現在、ALTは4千人以上いると言われているが、子供たちは英語圏の発音を聞きながら、外国人と触れ合うことができる。そして、外国の社会や文化を学ぶことができるという面では、利点があると思うが、これほどの人数を採用しても、英語力の効果はあるとは思えない。彼らの中には熱心な人もいればそうでない人も存在する玉石混交状態だ。彼らは地域の学校を回っていくので、学生にとって、クラス回数としては少ない。

留学先で多くの日本人は貧乏をしながら生活していたが、私は日本領事館に飛び込み、日本人にもっと奨学金を出すよう求めた事がある。だが、「外務省に言ってくれ」という答えが戻ってきた。ALTに与える大金はあっても、学ぼうとする日本人には、目を向ける事はなかった。海外へ行かないと自分の国が見えてこない。他人まかせで海外へ行ったものは、現地社会の底辺を詳しく知ろうとせず、知らなくても生活できるレールに乗っていたので、国を思う気持ちは生まれないだろうと想像する。

八　塾頼みの日本の英語教育

小学校、中学校、高校、そして大学で英語教育は行われているが、子供の親たちも自分たちが英語を話せなかった現実に危機感を持ち、子供にはよい教育を受けさせたいと思って塾へ子供を送り込む。ある親は幼児時期から、高いお金を出してまで、外国人英会話教室に通わせている。ある子供も電話して外国人と会話をしている。ある親はインターナショナルスクールに子供を入れている。お金をかけられる子供とかけられない子供とは教育の格差が大きくなる。大学卒業後の職業選択において、その影響が出ている。学校の先生方はほとんどの生徒が塾に通っていることを認識している。塾は学校の先生方の補助をしているのだ。

日本中に、いろいろな塾があるが、中には教育内容は悪くないものもある。学校のように総合的な責任がなく、ただ、入試対策や親の希望通りに特訓しているところも多い。学校で英語を話す機会がなければ、塾は英語で話すことだけを教える。だから外国人が教える塾は大もうけだが、教える人たちの学歴や質にもよる。塾の講師が日本人ならば、文法もしっかりと系統立てて教えてもらえる。だが塾も専門的な訓練を受けた講師は少なく、英語教授法が正しく指導されていないようだ。親たちも自分がかなえられなかった事を、子供に託し、勉強と進学に特化していく。日本は大変な社会だ。しかし、多くの塾も入試対策の補助をするので、英語が話せる若者は少ない。

九　英語教育の見直し不可欠

前にも述べたように英語教育の課題は根が深い。まずは日本人英語教員を将来雇用するのなら、資格試験のハードルをもっと高くし、実力をつけさせるため海外研修を1年か2年義務化をする事が必要である。教員採用を地方行政にまかせせない。そして、学士だけでは不十分で大学院修士号を取得すれば、給料を上げるようにして、大学院へ行く事を義務づける事だ。教師のスキルをまず、向上させる事が重要だ。

英語教育がもっと早い段階で改善できていれば、日本はもっと英語圏の国に押されず、国としても自立できたかもしれない。遅きに失した感があるが、これからは一番に英語教師をどう育てるかが課題である。私はALTの職員を継続して雇用することに反対だが、あえて雇用をするのならば、現場で教育を任される事も対策だし、彼らが教師の質を高めるサポートをする事も可能だ。日本の若者がコンプレックスを持たずに、もっと自分の国を尊敬できるように育てる事が出来るのはやはり日本人教師であろう。

さらに、高校時代から言語教育の自由選択があるべきで、英語だけではなく、他の言語も日本人教師が教えられるように国際化を広げてみるのも可能だ。英語教育は大学だけでは不十分で、書く、聞く訓練もしなければならない。日本人教師のスキルを多様化し、質を高くすれば、外国人に頼らず、よい結果をだせるし、英語教育を小学校まで下げなくしもよくなるかもしれない。まずは全部廃止ではなく、ALT人数を半分入れ替え、その費用で日本人の先生になろうとする若者の研修に留学渡航させたらどうだろうか。

(四) 普段からの留学予備教育と実践

私は日本の今まで通りの国際化教育を憂いている。大学だけではなく高校、中学校から国際化を準備しなければならない。英語教育、歴史、文化、伝統、そして、アイデンティティーもそれなりに意識しなければならない。英語で講義を受けるだけが国際化ではなく、文化の西欧化が国際化でもなく、日本人として自信がもてるようになる教育からはじめることだ。そして、そのために海外留学する前に半年間でも予備教育をする必要がある。

日本中で最近よく留学生を見かけるようになった。母国からの援助ではなく、外国から来た留学生にも奨学金を支給し(国費と私費)、私費学生もある程度のお金を日本の団体から支給されている。短期留学生になると、日本に1年滞在し、お金を支給され、その留学生に英語で授業するために、さらに外国人教師を外国から呼び寄せる。これでは日本の大学が国として留学生教育になんの役割をしているのかわからない。形だけではなく本気で日本の将来を考えながら、国際化教育の見直しをしなければならない。

一　教養課程―概論

私は海外留学した経験があるので、日本の大学とアメリカの大学の教育内容をどうしても比較してしまう事が多い。アメリカの大学では新入生の時に、大事な概論を教えるクラスをとる必要があると思っている。社会学、哲学、ラテン語、そして言語学など、いずれも専門ではなく、教養のために、幅広く概論を教える。研究課題を見つけるためもある。そして3年生になると将来を考えて専門分野を選択できる。しかし、日本の大学で概論を教える教員は珍しい。日本は、はじめから学部が決まり、途中変更は簡単ではない。哲学などは学問の基本で、大いに勉強させるべきだ。さらに、単位数も前期だけで多く取れるような制度には反対である。もっと1クラスに時間をかけて、教養を身につけることだ。留学生を受け入れる前に、それぞれの大学が国内外や他大学の専門教員を雇ったりしてカリキュラムが改善されるべきであるが、今となっては手遅れだとも感じる。

二　留学に向けて日本人アイデンティティー教育の必要性

日本の学校教育はアイデンティティー教育の不足、日本の歴史教育の不足、そして国に対する敬意の不足だ。日本の義務教育で、明治、大正、昭和、平成など近現代の歴史を、もっと教えるカリキュラムに見直す必要がある。海外でがんばった日本人の歴史教育にも力を入れると、国際化への教育の効果が得られる。大学で学生に「貴方のアイデンティティーは」

と聞いても、すぐ何がアイデンティティーかもわかっていない様子をされてしまう。

このように、自分は日本人だという言葉がはっきりと聞こえない。あまり、自分を振り返ることも、世界の中での日本の位置づけを考える機会もなかったようだ。留学をすると、自分は日本人だと思うような経験を味わうものだ。留学で自分の国の大切さに気付く人も多く存在する。何時も曖昧な日本人にアイデンティティーについても、なぜそうなのかをもっと考えさせる事が教育の国際化だ。従ってこの分野は世界から遅れをとっている。もし、今までにアイデンティティーについて教育されていれば、ほとんどの日本人の海外での生き方が変わっていたかもしれない。日本を誇りに思えるようになったかもしれない。

どの国もアイデンティティー教育は不可欠である。アイデンティティーを確立していれば、日本人も海外へ行っても自分にもっと自信がもてるし、外国人にも英語にもコンプレックスはなくなるのではないかと思う。辞書を見れば、アイデンティティーとは「自己認識」や「自己同一」と書いてある。自分の弱いところや強いところ、民族、国籍、文化の価値感、信念、目標、そして夢等である。それらを理解していれば、他の文化の人たちのことも理解しようとする。お互いに話し合いが持てるようになる。そして、自分の目標を知っていれば、他の文化に対しても脅威は感じなくなる。自分自身に対して信頼がないと判断ができず、新しい体験に臨む時どう適応してよいかわからないものである。そこで、留学前に己を知ることが大切である。これが教育の国際化だ。

アイデンティティーはそのほかにも、宗教、言語（母国語）、両親を含めた民族起源(Origin)、外交的か内向的か、自分のニーズ、意見、趣味、技能、好み、経験等いろいろあるが、個人のアイデンティティーは、一般的に日本文化やそれぞれの家庭文化に影響されている。たとえば、家族内のしつけが違う何世代が一緒に住む家と核家族とは違っ。そして、代々持ち続ける家の文化や、伝統を守る家庭と、まったく伝統を持たない家庭もある。20代のアイデンティティーと50代のアイデンティティーは変わるものである。そして、また10年先、20年先のアイデンティティーは変わるものである。経験が豊富になり、生き力が違ってくる。特にアメリカでは他人と違うことを認識し、自分を探そうとする教育をしている。個人が自分を探求してこそ発展できると、小さいころから教えられる。反対に日本ではいかに人と調和して生きるかに主眼をおき、他との相違を出来るだけ小さくするように努力をする事を、家庭でも学校でも教える。その日本人文化のアイデンティティー教育を外国と同じように日本でも教えるべきだと思う。そうすれば、日本人としてのアイデンティティーが生まれ、自信がもてる。海外でも差別に対しても対応できるようになる。

アメリカ人の学生は、クラスで納得するまで議論を通して主張する事に慣れている。出来るだけ他とオープンに議論しようとする。日本では、日本人は出来るだけ自分の意見を言わないように抑える。相手の立場や身分を意識しながら話すが、アメリカ人の多くはその必要性を感じていない。自分が成長した文化の中で、いったい自分はどんな人間なのか、どのように成長し、変化をしてきた過程を知る事で、自信がもてるようになる。日本人に欠けているこの意識について特に留学前に、学生に日本的なアイデンティティーの構築過程の指導を肯定的にする事が大切である。アイデンティティーの構築は、日常生活の中でほとんど意識せず時間が過ぎて、自分が海外へ行くことで、やっと自覚できるのだ。これも教育の国際化の一つだ。自分のアイデンティティーの選択が一生続くのである。

三　日本の文化価値感と歴史教育

私は高校を卒業するまで、日本の歴史と世界の歴史は学んだが、特にこれと言って考えた課題も感じた事もなく、歴史から何かを学んだ記憶もない。教師から日本の価値観とか歴史観など教えてもらったことはない。教師からの意見も説明もなかった。歴史も、ただ誰もがテストのために教科書を暗記した。日本史も太平洋戦争など詳しく考えたこともないし、年を取ってから余裕があるときに書物を読んで知る事が多い。そんな状態で留学をしたが、いろいろな否定的な経験をするうちに、自分の国や文化の多くを知りたいと思うようになった。ある歴史のクラスで、米国人教師が真珠湾攻撃について、裏話をしたのがきっかけだった。西洋と日本の生活習慣はどこが違うのか、歴史がどう関わってきたのか、文化の価値観を学ぶようになった。歴史が文化を作り上げ、長い歴史の中で日本の価値観が浸透していく。ただ定義を知り暗記するのではなく歴史から考えていくという教育過程が必要だと納得した。

日本文化は、戦後70年間いろいろなことがあった。太平洋戦争時、空襲と原爆等でほとんどの国土が焼けた。戦災で焼け野原に追い出された人々も、復員した兵士も空腹の中、それでも生きてきた。そのころの経験が「もったいない」の言葉を生んだ。日本にはこんないい礼儀作法や伝統もたくさんある事も改めて知った。

西洋では日本のこの価値観を集団環境（collectivist culture）と呼んでいるが、西洋は個人主義環境（individualist culture）がある。日本の価値観はこのように歴史からつながっている事が多い。集団の中にいると個人が見落とされる事が多い。ことわざに「出る杭は打たれる」がある。やっかみや嫉妬がおこり、個人的なすばらしいアイディアがあっても取り上げてもらえない事が多い。名刺の受け取りや書き方など西洋もアジアも特徴がある。人間関係を良くするためには、どちらの文化も経験して、はじめて理解できることもある。

西洋は何時も意見を言って自己主張をする事に文化生活がある。文化価値が社会の中で生きているところも、留学をして学んだ。しかし、それがすべてよいとは言えない。

日本の歴史、文化、政治、市民生活などが日本価値につながっているという事を、若者に伝えなければならない。多くの学生は、それぞれ個別につながらない暗記の仕方を学んでおり、総合的に考える力がついていない。これからはもっとこの分野に力を入れ、教師の方々には現実的に、日本の将来を見据えたカリキュラムを作って実践してほしい。これが教育の国際化の一歩だ。

四　日本の領土問題を教育する

留学において若者に危機感や国家観が持てるように、日本の歴史を教師の言葉で指導することが必要である。教科書だけの知識だけでは無理な気がする。たとえば、毎日のニュースで（対馬の仏像問題、日本周辺の領海問題、石垣島、竹島問題、北方領土）の過去の歴史背景を掘り下げて教える必要がある。なぜ、領土が取り返せないのか。なぜこのように手がだせないのか。また、それぞれのコミュニティが持つ課題について学校でも子供にも考えさせることが必要である。

領土問題以外にも、日本の土地を大切にする教育が必須である。隣国が日本の土地を買収し始めている。また水資源も危ない。北海道の土地を隣国へ売っているというニュースを聞くと、なぜこうなるのかと本当に腹立たしく、目先のことしか考えない国民に対して、どこまで政治家は責任をもっているのか、何のための政治家なのか理解できない。

一般の土地に関しても新幹線に乗ってみるとすぐわかるのだが、特に、西日本に緑がなくなっている。かつて日本の建設業者は、都市計画においていかに緑を残すかという問題についてあまり考えて来なかったのだろう。広島は山を削って、パッチのように自然を失くしている。ある一角だけ同じ形の家がたくさん並び、不動産の金儲けの姿が見える。自然をやさしく扱っていないことや、自然を大切にしない国だとすぐわかる。のぞみ号から見える富士山は美しく見えるが、最近は美しいとは思えなくなった。富士山は遠くからみると美しい。しかし、登ってみると、富士山は大切にされていないことがわかる。最近、世界遺産になったが、あのきれいな形はくずれないのであろうか。そして、富士山のうら側は、木の根がういて腐ってきているとBBC放送も富士山の危機を訴えていた。温暖な気候で何もしなくとも草木は茂り、多雨で水は豊かに流れているので、あたりまえすぎて日本人は危機感がないのか。海外からの観光客を受け入れる以前に、自然保護のために遠慮せずに、規制をかけるべきだ。

ふるさとでも田舎の田園風景がなくなっていた。日本海から吹く風を防ぐ松林を山ごと削り、砂を建設やコンクリート用材に売っているのだ。その山の跡地に住宅をつくっていたりする。山を削り田んぼを埋めて、土地の価格を上げるために工夫をするのだ。小川もなくなり、かつてはうなぎ、めだか、ほたるもいた。今は蛇も行くところがなくなり道路に出てくる始末である。日本がこんなにまですさんでいるとは思いもしなかった。人口5万の65パーセントが建設業にかかわるこの町は、国の公共事業に頼っている。その人たちを頼りにしている小さな政治家がいて、その人達が小山の大将ぶっている。

日本に戻りやっとアメリカにいる日系人たちが日本人や国にたいして失望していた理由が理解できた。この人たちは、あくまでアメリカ人だけれども彼らは頑固に日本の文化、言葉、自然を美しく今も思い続けているのを思い出した。自然の中で育ったので余計に昔の美しさを思い出すのだろう。自然を簡単になくしてしまう人間のおごりに、怒りがこみ上げてくるのである。このようなことから日本人の心の貧しさを感じるのである。

アメリカに長く住んでいると、自然と住宅を専門の人がうまく調和する都市計画をしているのが見える。たとえば、シアトル・タコマ国際空港に降り立つと必ず見えるレニア山がある。緑がいっぱいあるのが飛行機から見える。もちろんアメリカは広々としているけれども、街の周りの山々や森の緑は州や市民から守られている。日本人はアメリカにくると自然に圧倒される筈である。自然を大切に思う気持ちが生まれると思う。週末にはハイキングに行ったり、キャンプに行ったりして自然を愛することができる。あえて車を使わずに自然の中で時間を楽しむのである。そのような活き方をすれば日本にもその自然を思う気持ちが生まれるだろう。

五　他国の文化同化とカルチャーショック防止対策を

多くの人が海外へ渡航すると、カルチャーショックを経験する。そして、その経験も程度、症状、期間も個人差がある。ベストな対症療法は帰国することだと個人的には思う。カルチャーショックの防止方法として、新地生活に対処するためには考え方が三つあると思われる。

完全に新しい環境に文化同化する

第1次世界大戦や第2次世界大戦後、世界の人口動向は政治や経済理由でアメリカへの移民が多かった。特に米国人兵士は、戦争花嫁を本国へ連れて帰った。アメリカは1950年からアメリカ文化同化政策をとり、移民たちのアメリカ社会や西欧文化への同化が始まった。彼らは母国語をあきらめて、生きるために英語を話すようになった。これを人種の坩堝という。当時の移民はアメリカ文化、言語、社会的な習慣を学ぶことで、アメリカ社会に受け入れられるように文化同化してきた。

アジアからは中国人や日本人の移民が多かった。韓国人は、米国の移民時期を過ぎてから遅れて渡米するようになった。よって1880年代の労働苦労はしていないし、当時の日本人や中国人にあったような、強い人種差別経験も少ない。たとえば真珠湾攻撃以前に、多くの日本人はすでに移民として渡米して農業をしながら生きていた。しかし、多くの日本移民たちは太平洋戦争がはじまると隔離され、本土の収容所へ送られてしまう。その前までは、中国人や日本人の移民たちは、アメリカの東西を走る鉄道の労働建設に、労働者として貢献した。その苦労は計り知れないと経験者の親族から聞いた事があるが、アメリカへ同化しないと生きることができなかったとも言っていた。今もそのような移民の子孫が残っているが、知っている人は数少ない。

部分的新地文化同化を選択する

完全に文化や言語同化を強制されない選択もある。私はアメリカ社会で生きて行くために、ある程度アメリカの文化に同化しなければならなかった。しかし、精神的に、全てアメリカ人にはなれない。文化価値観や信念は、やはり子供の頃、親から習得したものである。文化価値も時代によって変わるが、心にいつも残っており、それを環境が変わったからといって、消すことはできない。よって言語も文化も信念さえも、時、場所、相手によって使い分けてきた。

一昔前に日本の農村にはフィリピン、韓国、中国から花嫁がやってきた。花嫁達は、日本を全く知らず、ただ嫁不足の農村へお嫁に来たのだ。その調査を日本で行ったが、彼女らの心の中は、フィリピンの文化を持ち続け、お互いに助け合って生きていた。彼女らはフィリピンの文化価値観を子供にも教えていた。再々母国に帰国しながら、日本との交流も持ちながら、文化同化のバランスを取り生活をしていた。

自国の文化言語価値をかたくなに持ち続ける生き方

日本の外国人教師や留学生は、一部であるが全く日本語を学ぼうとしないし、文化価値を学ぼうともしない人が身近に存在する。また日本語を使おうとしない学生の中にはアジアからの留学生を多く見かける。日本で日本語を使用しないほうが、外国人らしく見せられ、日本社会から受け入れられるという理由かもしれない。従って、外国人のなかでも黒っぽい髪の毛をわざわざ金髪に染めている学生も見かける。海外から来る留学生は、学内では他の学生との意思疎通に英語を使用しているのが現実だ。日本政府の奨学金をもらいながらも日本社会に溶け込もうとしていない学生も多い。学生にとって留学が数年間で、日本語は習得が難しく、時間が掛かるという理由もあるが、彼等の行動に私は疑問を持っている。言語だけで正確な実態は見えてこないが、自国の文化言語保存という形ではなく、同化するほど興味がないのだろう。精神的な面はなかなか見えにくいのだが、彼らと会話をすると、日本社会に溶け込まないまま帰国する学生が多いことがわかる。しかし、一部の教師は言語使用に選択の余地があっても、10年経っても日本語を使用しないですませている。生きるために日本語を使うという事にはならないからであろう。受け入れ側がわざわざ英語を話すのだから。日本には英語で生きられる受け皿があると言うことだ。これも個人のアイデンティティーだが日本側にも問題があるということだ。これは日本社会が外国人をお客様扱いしたり、又はそれらに無関心なのかもしれない。このように日本人の真のアイデンティティーが西洋化だということを彼らに認識させているのかもしれない。いろいろな理由で、母国の文化価値を新地で変えようとはしない生き方をしている人が多い事もわかって来た。このように私は自分なりに自然に任せて、無理をせず新しい環境生活に肯定的に入っていくことを、日本の学生達にも勧めたい。これも教育の国際化だ。

(五) 留学制度は真の教育の国際化？

政府が国際化教育に力を入れている中で、前にも述べたが、目立つのが留学政策だ。留学政策は、海外学生の受け入れと日本人学生の海外への送り出しの二つに分かれる。日本の学生を海外へ派遣する制度が２０１４年から、大きく広がった。５年前は、留学生の受け入れが主で、10万人計画を打ち出し、さらに人数が増加した。文部科学省によると日本人海外派遣目的は、諸外国の大学等との学生交流の拡充と、各国間との相互理解と友好親善の増進を図るためとしている。

留学経験者として、私は日本人学生の留学送り出し目的は、日本の学生の国際化教育、語学習得、日本人としての自覚をもてるようにすること、そして、最後に世界での競争力を育てることだと思っている。一方、海外からの留学生の受け入れは、優秀な人材を国費外国人留学生として受け入れ、わが国のグローバル化、諸外国との相互理解促進、わが国大学の研究と教育の強化、国際知識貢献を図ることを目的としているという。だが、日本の留学生政策実践に関わってみると、真の国際化教育とは言えない面があることに気づいた。留学生政策において、一口に言えば、日本人学生より海外からの留学生に対する学生サービスが、優遇しすぎていると思う。

一　海外からの留学生の受け入れ背景

日本のほとんどの国立大学、私立大学、公立大学も海外から留学生を受け入れている。最近は、特にアジア諸国からの学生が多い。平成21年までの我が国の留学生受け入れ総数は、独立行政法人日本学生支援機構によると英語圏を先頭に、世界で第5位を維持していた。現在は6位か7位に落ちた。留学先は西欧と英語圏の国々が上位を占める中、日本は留学生受け入れ総数10万人の目標を立て、２００３年に目標数が達成された。上位にはなっていないが、政府はさらに30万人計画の方針を２００９年に打ち出した。現在は約15万人程度を持続している。

しかし、東日本大震災が起こった直後には、留学生の多くが母国へ帰国したため、留学生数が一時期減少したが、現在は２００９年代の約14万人に戻っている。日本は過去数十年から、留学生数を増加させてきたが、その内訳も表で示しているように、なぜか中国と韓国からの留学生が6割を占めている。それから台湾、ベトナム、マレーシアと続く。

近年は中国で大きな反日運動が起こり、多くの日系企業は、車や商品が破壊されてしまい、さらに建物までも破壊され巨額の損失を被った。その後も中国政府の方針（習政権の反日政策）により、日本で学んだ学生の言語や知識のスキルを受け入れず、中国内で日本の大学を

平成24年度外国人留学生在籍状況調査結果-JASSO

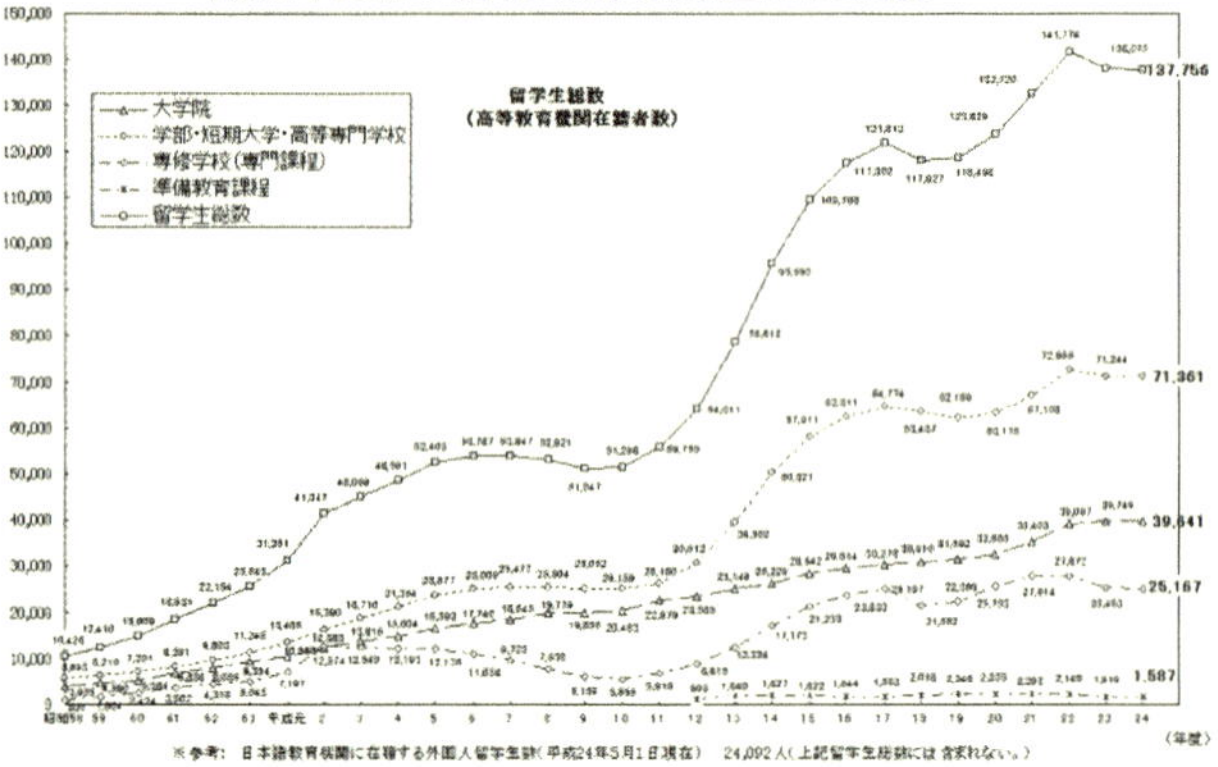

PDF 在籍段階別留学生数推移のグラフ印刷版（PDF:84KB）

出身国（地域）別留学生数

（1）出身国（地域）別留学生数

中国・韓国・台湾からの留学生を合わせると、全留学生に占める割合は78.2（前年度79.5）％となっている。

国(地域)名	留学生数		構成比		国(地域)名	留学生数		構成比	
中国	86,324人	(87,533)	62.7%	(63.4)	フィリピン	497人	(498)	0.4%	(0.4)
韓国	16,651人	(17,640)	12.1%	(12.8)	英国	429人	(364)	0.3%	(0.3)
台湾	4,617人	(4,571)	3.4%	(3.3)	サウジアラビア	413人	(336)	0.3%	(0.2)

卒業した若者の評価を低くしていたと学生からも聞いていた。報道によると、3割程度中国からの留学生数は減少しているといわれているが、実際はそうでもない。むしろ増加している。

　真の国際化の制度であれば、隣国からの留学生数が全体の6割にもなることが理解できない。もっと他国から受け入れをするべきだろうと思う。外交上の理由から、呪文のように我慢をし続ける文部科学省にも理解できない。恐らく企業との連携があると想像できる。この状況は、日本の真の国際化とは言えない。

　一方、日本人留学生派遣は19

（別添1）
平成27年2月　文部科学省集計

日本人の海外留学状況　JASSO

ユネスコ統計局，OECD，IIE等における統計による，日本人の海外留学者数の推移

○日本から海外への留学者数の推移

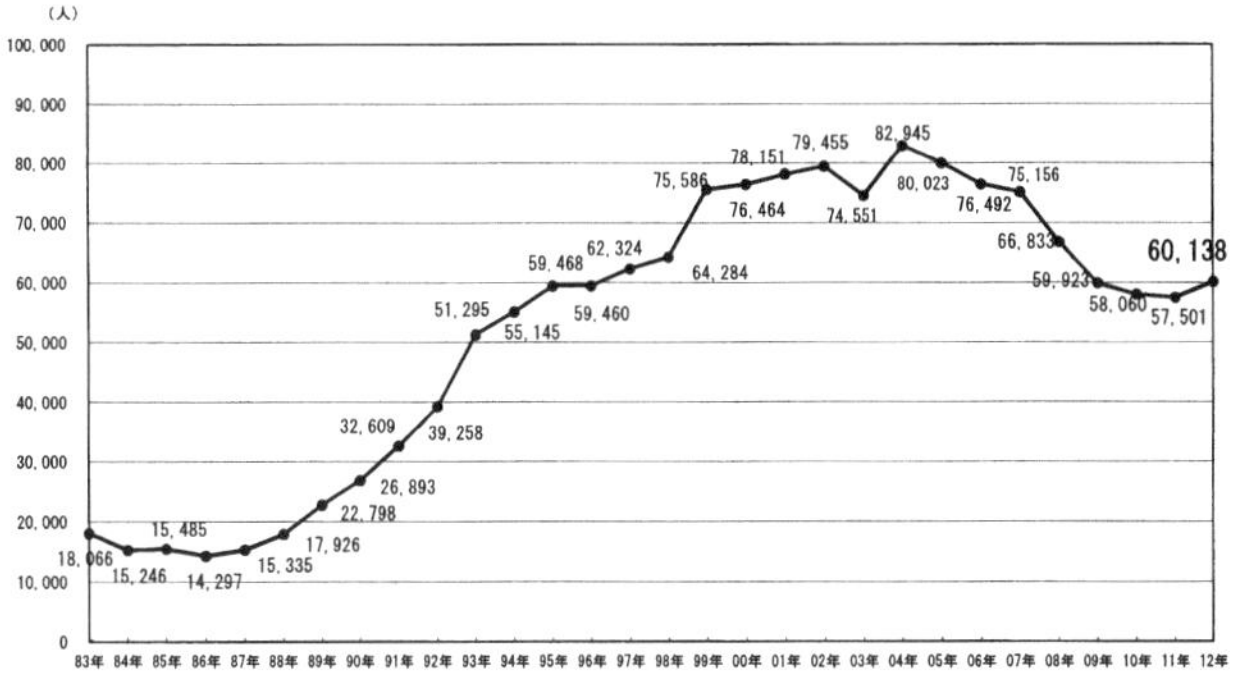

（出典）OECD「Education at a Glance」，ユネスコ統計局，IIE「Open Doors」，中国教育部，台湾教育部

83年にはおよそ1万8千人だった。2004年は8万3千人に増加した。それからは減少し現在は5万8千人だ。北米が40パーセントでヨーロッパは10パーセント、アジアが36パーセントだ。

一方で、文部科学省は海外留学をする日本人学生数を増加させている。2010年に合計5万8千人が留学をしているが、アメリカは2万3千人でヨーロッパは1万2百人、アジアは3千人だ。海外へ行く留学生の数が減少するのは、留学するとその期間留年しなければならない、経済的な理由で断念する、帰国後の単位認定不足、そして助言ができる職員不足という理由だ。何でも保護され、留学の真の意義が理解されていない。それに、すべて日本の学生や留学生に対して手取り足取りでサポートする

のは、正しい教育ではないと感じている。

私が一番強く改善してほしいのは、海外からの留学生に奨学金を給付し、その学生にその奨学金給付に、義務も責任も明確にしていない点である。途中で学校を退学し、日本を踏み台にして海外へ行ってもお咎めがないし、日本国民の税金から貰っているお金に対して、社会への奉仕義務もないのだ。政府も学校も、学生に甘いと思う。アメリカの奨学金制度では考えられない事だ。アメリカは奉仕義務があり、それを無視すると全額返すことになっている。日本人学生には返還させている。

数年前より、政府は学校からの経済支援を拡大させ、留学条件を整えたにもかかわらず渡航する日本人学生が減少している。反対に、生活費まで団体から給付しているほとんどの短期大学交換留学生が増加している。その為にわざわざ国内外から、職員を増やしている。とんでもない無駄であるように思うが、誰も指摘しない。恐らく私は大学側から批判を受けると思うが、実際に留学経験をもつものにとって、すべてが理解しがたいことなのだ。極端に言えば、日本の大学は、海外留学生のために、英語で教え、海外から教員を招聘し、日本の大学は彼らに場所を提供しているのではないかと思うようになった。

二　留学生の奨学金について

奨学金と言えば、数十年前から続いた海外奨学金フルブライトがあったが、それは米国政府が外国人に出す留学奨学金だ。日本政府が出す日本人向けの奨学金は、我々の留学時代にほぼ見つける事ができなかった。留学中の１９８０年代、日本は、経済成長の恩恵を受けていたが、自国留学生に冷たいと海外で感じたものだった。「うち」より「そと」を大事にする文化と言われるように、アメリカの学生に奨学金を出し、招待し、さらに来日させて給料も払うＪＥＴプログラムもこの時から始まったのだ。いろんなお金が日本から外国人に配られて来た事を振り返ると、今の留学生政策と内容が類似している。

大学院生の時、アメリカでお金が足りず、本当に貧乏をした。前にも述べたが、アメリカにある日本領事館に文句を言いに出向いたこともあった。答えは、もっとインターネットで奨学金応募情報を探してみるようにと言われた。探した結果は、該当するものはなく奨学金は獲得できなかった。

独立行政法人日本学生支援機構のサイトによると、わが国の外国人留学奨学金は２７７億円だ。これはＯＤＡ（政府開発援助費）から出されている。博士と修士課程の国費奨学金は、1人月額約14万円で、学部生は11万円で、学生数は約1万人だ。私費学生の大学院生は6万5千円で学部生は4万5千円だ。さらに、国費留学生は授業料を免除されている。一方、日本人学生は留学費用として、最近になってやっと月額8万円を支給されるようになった。日本のヤング法科プログラムなどでは諸外国から来る学生はすでに職業を持ち、日本の大学で1年修士号を取得できるコースもあり、英語で講義を受け、学生にとっては難しくない。彼らは1年間滞在し月額約20万円以上を支給されている。驚きだ。さらに短期留学生も授業料は無料で月額8万円支給されている。過去3年間のアンケートで、留学生の約半分が、奨学金を獲得したから来日したという回答結果が得られた。日本人との友好関係や人間関係はよくなり、親日感情も増加し、帰国後も元留学生の友好関係は持てる利点もある。また日本文化への関心がたかまる。一方、中でも文系の留学生の少数が日本の教育内容に納得していないようだ。留学生の中には、日本語で講義をうけることを期待して留学する学生も多く、日本語クラスでがんばる学生も存在する。大学院生の中には英語能力だけで受け入れられている学生もいる。結果的に長期に日本に滞在し日本語習得をしている学生が多い。日本語の関心と日本語による教育上の弊害になっているという現実があり、この課題を改善することが大事である。

奨学金に反対しているのではないが、問題は額が高すぎる。授業料免除と生活費とは別で、普通海外では授業料だけ免除する奨学金が多い。日本は義務化もせず、違反しても返済義務もなく、咎めなしで数年も継続するものもある。たとえば、学部生に4年間、大学院生には2年間と審査され給付されているが、審査の条件内容は定かではない。しかも、奨学金に対する日本社会への奉仕の義務も全く課せられていないのが現状だ。直接文部科学省に訴えた事があるが、各大学にまかせているとの答えだった。ひどいのは、彼らの中には、在学中にも関わらず、日本の大学をやめて、日本を通り越しアメリカへ行く学生も多いが返済義務が

I. 日本政府（文部科学省）奨学金 （JASSO）

(1) 奨学金の種類と支給内容

日本政府の奨学金には７つの種類があり、それぞれの応募資格、支給内容は次の表の通りです。

2013年度実績

種類	応募者の資格及び条件			奨学金内容			支給期間	新規採用者数
	年齢制限	募集分野	その他	月額	日本語教育	その他		
ヤング・リーダーズ・プログラム（YLP）留学生	①③④⑤原則40歳未満 ②原則35歳未満	①行政　②ビジネス　③法律　④地方行政　⑤医療行政	大学卒業者 実務経験のある者 アジア諸国等の若手の行政官等	242,000円	なし	＊旅費：往復航空券 ＊宿舎：大学が設置する留学生宿舎、公益法人等が設置する留学生宿舎等 ＊学費：入学検定料、入学金及び授業料は徴収しない。	1年	非公表
研究留学生	35歳未満	大学において専攻した分野またはこれに関連した分野	大学卒業者・卒業見込みの者、または大学卒業と同等以上の学力があると認められた者	非正規生 143,000円 修士課程 144,000円 博士課程 145,000円 （地域加算あり）	6か月 （日本語能力の充分な者は除く）		非正規生： 2年以内 正規生：標準修了年限以内 （日本語教育が必要な者は6ヵ月を加算）	非公表
教員研修留学生		学校教育	大学または教員養成学校を卒業した者で、初等・中等教育機関の現職教員、自国の教員養成機関の教員及び教育行政機関の教育専門職員（ただし、在職期間を5年以上とする。）				1.5年以内	非公表
学部留学生	17歳以上 22歳未満	(1)文科系： 文科系A：法学、政治学、教育学、社会学、文学、史学、日本語学、その他 文科系B：経済学、経営学 (2)理科系： 理科系A： 理学系（数学、物理、化学） 電子電気系（電子工学、電気工学、情報工学） 機械系（機械工学、造船学） 土木建築系（土木工学、建築工学、環境工学） 化学系（応用化学、化学工学、工業化学、繊維工学） その他（金属工学、鉱山学、商船学、生物工学） 理科系B： 農学系（農学、農芸化学、農業工学、畜産学、獣医学、林学、食品学、水産学） 保健学系（薬学、保健学、看護学） 理学系（生物学） 理科系C：医学、歯学	学校教育における12年の課程を修了した者、または高等学校に対応する学校の課程を修了した者、または見込みの者	117,000円 （地域加算あり）	1年間		5年 （医学・歯学・獣医学又は6年制の薬学専攻者は7年）	非公表
高等専門学校留学生		機械、電気・電子、情報・通信・ネットワーク、物質・材料、建築・土木、商船、その他	高等学校に対応する学校の課程（小学校より通算11年以上の課程）を修了した者、または見込みの者				4年 （商船学専攻者は4.5年）	非公表
専修学校留学生		工業、衛生、教育、社会福祉、商業実務、服飾・家政、文化・教養、その他	学校教育における12年の課程を修了した者、または高等学校に対応する学校の課程を修了した者、または見込みの者				3年	非公表
日本語・日本文化研修留学生	18歳以上 30歳未満	日本語、日本文化・日本事情	大学学部に在学し日本語・日本文化に関する分野を専攻している者		なし		1年以内	非公表

ない。なかには4年連続と2年連続で奨学金をもらえる学生もいるが、年に一度くらい帰国前に、日本社会への奉仕義務が課せられるべきであろう。このように日本側が外国人留学生に対して高額の国民の税金を使っているにも関わらず、甘いという批判が大学関係者の中にも多いことを政府は認識すべきだ。これが教育の国際化の実態だ。

さらに、留学生がクラスを欠席しても、大学在籍を失っても、大学側が把握ができておらず、奨学金を支給される事が時々起こり、わが国の留学生政策の甘さがある。さらに、理解できない事がある。すべての留学生が、我々日本国民が加入している国民健康保険に加入できることだ。日本に来て子供の出産、歯の治療、事故などで保険料を支払いながら、利用している。しかし、毎月の国民健康保険料を支払わずに、住所の所在が分からなくなった学生もいる。もちろんアパート代を踏み倒す留学生もいる。留学生が家族で日本にやってくると、日本人より留学生を優先に、子供を保育園に預けられるように、サポートする団体もある。悪い事ではないが待機している日本人の子供もあり、公正に扱うべきだ。

日本の少子化問題の流れが、日本の大学教育に影響している。大学組織はこの状態でいつまでも留学生を受け入れ、少子化の穴埋めを続けるわけにはいかないだろう。日本の研究機関はアメリカと違い、なにか独特なものがあり、国益を優先する教育、改善すべき国際化教育に対して、もっと根本から見直しが必要だ。もちろん、私は優秀な留学生受け入れに反対はしない。もっと日本人学部生や大学院生、研究環境や教育の質改善にお金を使うように考えてほしい。日本人の院生にさらにお金をかけ、国民の税金を将来の日本のためにも無駄にしてほしくない。国策としてのすべての留学制度の見直しが必要と考えている。

三　国際化大学教育プログラム

国内の大学は、さまざまな留学生受け入れ方法があり、学生サービスを行っている。各大学は政府から経済支援を受けるために、いろいろなプログラムを設置している。このプログラムにより文部科学省の承認を得て、ほとんどの大学は資金援助を受けているようだ。プログラムの設置で、それに伴って、職員雇用も新たに行う。そして、さまざまなプログラムは、ほとんど英語で教育がされている。それぞれのプログラムは、留学生受け入れが基本で、日本人学生は語学能力が伴わず、国際化教育の恩恵が少ない。それらのクラスに日本人学生も参加できると言われているが、多くの学生はしり込みをしてしまう。

英語で教鞭をとる事が国際化の教育ではない。すべての日本人大学教員が、どんなすばらしい研究成果をあげていても英語で教鞭をとることは不可能なので、海外から教員を雇用する。教育の国際化といいながら大学は外国人のために場所を提供していると言わざるを得ない。もっと日本の学生の、中学校、高校生からの教育を見直し、教育の質を高めるためにいろいろな方法で、国際化教育を日本人の若者に、還元していかなければならない。そのためにも教員の質を高める必要がある。

残念なことに英語で講義することで、海外から来る学生は日本語習得をすることがむずかしい。日常は留学生同士の会話は英語であり、日本語の会話も少しだ。日本語のハードルを低くしている大学が多く、そのため事務職員も英語が話せないこともあって、学内の統一業務にも支障をきたしている。

四　留学生受け入れの問題

留学生受け入れサービスに多額の予算が組まれていても、大学は留学生サービス業務に追われている現状がある。日本政府は留学生受け入れ制度に長期間にわたり、力を入れてきた。留学生体制が始まった当初は、主に国費留学生が対象で少数だった。しかし、時代は変わり留学生数が増加しても、当時の手厚い受け入れ体制がそのまま変わらず続けられている。優秀な学生に入学してもらうために、主に大学院生受け入れが大きい仕事だ。学内にはいろいろなプログラムが設立され、特定のプログラムに対して、留学生間の学生サービスにも不公平さがあるのは明らかだ。さらに、日本人学生へのサービスと留学生との格差も批判されている。ほとんどの留学生は母国でもすでに自立をしており、日本の大学のサービスにとても驚く。甘い環境に慣れ、日本の社会に残りたい学生も増えている。就職を希望する学生が多い。

留学生数を増やすために、大学職員を各国へ送り込み、そこで留学生のフェアを開催し、丁寧なホームページを掲載し、さらに留学生受け入れ環境改善に国際交流会館を整備し、街作りにも力を入れている。留学生の入国段階で、たとえば寮生活をするために、入学職員がわざわざ空港に出向いて留学生を受け入れて、国際交流会館へバスをチャーターして迎え入れる。国際交流会館や大学オリエンテーション等、すべてにおいて大学が留学生のお世話をしている。大学が留学生の保証人の役割までしている。

海外で留学経験を持つものには、この日本流の手厚い留学生サービスを赴任時に受け入れられなかった。今は、これは日本スタイルだろうと理解している。ここまでお世話をする日本側は、どこの、だれが、どのように責任を持って、留学生業務をしているのか明確でない。だが私は、あくまで留学は個人の責任だと思っている。

留学生に関する業務は大変なものだ。アメリカの大学と違い、すべての受け入れ業務にかかる経費は大学側の費用が使われている。アメリカや他の国は、海外からの留学生受け入れは個人の責任になっているが、日本ではすべて大学が、後ろでサポートしている。これは留学経験でなにを学ぶのか疑問だ。

まず、ビザ取得に関する業務で在留資格認定証明書の代理申請から始まる。短期留学生などにホテルの情報などの提供も行っている。いざ入国になると受け入れに3日間を要し、空港と大学を何回も往復し、学生以外に研究者となると職員が個別に出迎えるのだ。寮へ到着すると学生が出迎えいろいろな処理をサポートする。部屋の鍵や簡単なオリエンテーションがある。それからは区役所への届け書類作成のヘルプがある。これには国民健康保険の加入も含まれる。まるで身分証の保証人を大学が代行しているのだ。銀行口座を開くサポートもしている。奨学金はすべて郵便貯金口座に振り込まれ、さらに入国後は在留管理のサポートや緊急時の支援等さまざまなサポートをする。そのための臨時職員も確保されているのだ。在留資格更新、資格外活動許可、学外アパート、公営住宅までお世話をしている。これらのことは大学側の大きな負担となっている。

私が一番他国と違うと思っているのが、週28時間、学外で就労が許可され、バイトでお金を稼ぎ、ある学生は母国の家族に送金している。そして、長期に滞在すると永住権をとれる。この国の甘さに驚かされる。外交上にとっても国の安全にもかかわる。留学生の中には帰国時にゆうちょ口座番号を売って去って行く者もいる。

次に入国した彼らは、国際交流会館に住むことになる。1週間目に会館として入居オリエンテーションを日本語、英語、中国語で行っているが、時間が経過すると環境が変わり、精神的に悩む時期がくる学生も出てくる。例えば、寮の中ではアルコールを深夜まで飲み、音楽や大きな声で宴会をするものもいる。英語が話せない日本人警備員とのやり取りに、「英語を話せよ」と喧嘩を売ってくる学生もいる。このような問題になるたびに、警備員も我々教員も呼び出される始末だ。人の郵便物が盗まれることもあり、自転車事故もたびたび起こり、喧嘩もある。

実際にゴミ袋をみせゴミの分別をオリエンテーションで指導をするが、初めてみるゴミの分別ができない事も度々だ。アジアからの留学生は、風呂場の排水溝にキッチンの油を流したり、髪の毛などで排水管を詰まらせる事も多く、財政的に問題を起こす。時には国同士で殴りあいの喧嘩があるので警察にお願いすることもある。最近はストーカー問題も発生している。

日本政府は、留学生の卒業後の日本の就職支援までも力を入れている。日本の卒業生より、一時期は留学生が重宝されていると思えた。多方面で留学生を優先させることには反対だが、まずは、管理をしっかりとするために自己管理を指導しなければならない。

最近は、企業で外国人社員から秘密文書を盗まれている報道がされているが、そもそもこのような事態が起こるのは、日本企業も大学も危機管理が欠けているからだ。大学は国際化に対してどう対処しようとするのか全く見えない。当然に何が起こるかを想定できないが、あくまで学生の責任とすべきだ。日本は学問で来日する人々にとって住みやすい社会で、日本の真の国際化など遠い話だ。日本のように外国人に社会的にも経済的にも手厚い援助をする国は世界では珍しいと思っている。

私は日本の留学制度に危機感をもっている。対策として、アメリカの大学では海外から来る学生の背景をチェックを厳しくしているが、留学生の職歴や学歴もチェックをし、安心して研究できるように、国益を損なわないような管理規則も一元化している。私は留学生受け入れには賛成だ。しかし、管理規則を見直す必要があると思っている。安全保障上や外交上にとっても重要だと思っている。そのためにも日本でも、職員の国際化への意識向上のために海外研修も必要で、職員にも日本のアイデンティティー教育が必要であり、日本歴史等の知識習得、語学習得も含めた人材育成が重要だ。

第2の対策は、キャンパスで日本人学生も留学生も同じ学生サービスを受ける必要がある。優遇された制度である経済援助が、来日する理由だとすれば、日本の国際化は財政的に長期には続かないであろう。日本人学生と同じように奨学金に契約違反があれば、返済義務を課し、また日本社会に奉仕する義務化が必要だ。留学生にも家族の年収申告をし、自己申告を外すことも学生サービス一元化の第一歩だ。

第3に、日本でも最近になって学部生を海外に出すように背中を押すようになった。しかし、将来が見える大学院生を援助するほうが、日本の将来のために効果があると思われる。学部生の留学もよいが、日本離れをうながしてしまう恐れがある。日本に対して価値を見出せず、日本人は考えを変えなければいけないという考えで帰国してしまう学生もいた。大学院に進まないで、再び海外へ行くというケースは多い。それゆえ現場で、もっと調査をして、国際化政策はどうすればよいのか、再度検証が必要だ。日本人学生にも留学生からも、誇りを持てる大学を作っていかなければならない。

さらに日本人学生にも、海外に留学させるために文部科学省は、たくさんのお金を使っている。若者は留学に興味がないといいながら、彼らの本当の理由は経済的困難であること、帰国して留年になる不安、そして家族の理解が得られず、教員からのサポートがないことなどである。しかし本当に行きたいと思えば、サポートなしに行けるものだ。何かを得るために何かを失うのは当たり前のことで、最近の若者も、行動範囲を狭くしていると感じる。

㈥　留学が国際化教育

今まで、日本の国際化教育の課題と対策について述べてきた。恐らく大きな批判があると思っている。教育の国際化は、まず、世界のグローバル化で、世界人口の動きの理解、教育機関の人材不足、英語教育の見直し、留学前の予備教育の実践、そして、日本の留学制度の見直しを解決すれば、国際化へ一歩近づける。留学経験者として、最後に留学が国際化教育に、一番効果があると付け加えたい。その効果とは。

一　日本文化は特別ではないことが見えてくる

日本文化は特別だと思う傾向が日本人にあるようだ。あらゆる問題に対して、常に日本中心に海外と比較してしまう。留学をすると、まず個人的意識の変化とともに日本人のアイデンティティー、そして価値観が生まれるために、それを捨てられるかもしれない。

二　アメリカは白人社会ではない。アジア系から人種差別を受ける事がある

英語力なのか肌の色なのか文化価値観なのか明確ではないが、日本人は欧米社会に憧れすぎる国民だ。しかし、アメリカは多民族で構成され、白人ばかりではない事を知らなければ間違いが起こる。最近は、中国や韓国からの留学生が増加しているし、多くのアジア系アメリカ人が存在し、文化も価値観も昔のアメリカではない。ただ、日本人だという理由だけで、不当な扱いを受ける時がある。他民族から人種差別されることをまず知っておくことだ。

三　欧米やアジアの人々の本当の姿がみえてくる

留学を断念し日本に住んでいたら、人生はどう変わっていただろうか？　留学のタイミングも良かったのかもしれないが、留学して、確かに面白い生き方ができ、満足している。帰国後、私は日本で何かできることを考えるようになった。アメリカで見た日本にとって不利なことを、日本に伝えたいと思った。アジアでは、日本人の若者が中国に旅行した時、狭い路地に誘われ、高いコーヒーを買わされたり、日本から訪れた日本人観光客が、オーストラリアのレストランでトイレのそばの席に座らされたり、アメリカではレストランで日本人ビジネスマンが玄関先の席に座らされたり、イギリスでも日本人は人種差別を経験している。

日本人は実際に多くの差別を経験しているはずだが、我慢しているのか、無知なのか、外に向けて大きな声を出さない。もっと世界を知るために、若者は海外に出て、己を知ることから始めなければならない。そして、母国のために、出来ることを考えなければならない。我々の国は日本で、「自分は日本人だ」ということを、学ぶのが留学だ。本当の世界を知らなければ、自分の国のよさがわからない。日本をさらに成長させるために若者は留学してほしい。

四　日本人のアイデンティティーが確立できた

米国は移民国家である。いろいろな人種の集まりで、その社会でいろいろな人とかかわりながら生活をしている。アメリカで生きるには、言語能力は必要で、アメリカ社会の文化も知っておかなければならない。多民族がお互いに生活してきたので、競争もあり、上昇思考もお金を稼ぐ欲も大きい。そして、人生の目標を強く持って生きていかないと簡単につぶされる社会でもあるし、人を気にしないため、孤独でもある。日本もこのような厳しい世界があるが、アメリカでは、陰険なやり方やだまされたりした経験はなかった。理由はある程度公平さが保たれ、後ろで騙されず、正面を向いて勝負できる社会だったからだ。

しかし、韓国人や中国人の学生たちから、日本人だからという理由だけで嫌がらせをされた経験は多かった気がする。アメリカ人の学生や教授からは嫌がらせをされた経験はなかった。私が出会ったアジア系の学生はクラスで本性を表さなかったが、クラス外で陰険なことを仕掛けてきた。この経験が私にも日本人のアイデンティティーを持たせるきっかけになった。彼らのおかげで精神的に強くなった。個人的に戦いを挑むのは、アジア系だと当時強く思った。帰国して、隣国から反日運動で叩かれている状況を見ても驚かなかった自分がいた。

五　英語は学問ではなくスキルの訓練だ

日本で学んだ英文法は必要だが、高校英語は形式過ぎて、応用まで教えられていなかった。日本で学ぶ英語文法は、教師が教えやすい範囲で、学生が話す目的ではなく、教師によってテストは難しく作られたものと当時は思っていた。教師たちは常に疑問をもち、教え方に工夫をしなければならない。私は留学という目的をもって長期間英語に取り組んだことで自信が持てた。英語で学士、修士、博士論文を書いたことは、昔は考えられなかった事だ。毎日の努力によるこの経験は自分にとって宝となった。今も毎日が英語の特訓だ。

六　生きるためにあらゆる努力をするようになる

若い時の留学は、学生のその後の人生を変える。留学経験は、どんな本よりも教科書よりも大きなことを学べる。苦しい経験、言葉が通じない無力感、貧乏生活、孤独などの困難を克服する。留学中に英語の書籍ばかりを読んだので、描写、表現、感情など西洋文化が少し理解できるようになった。親からの仕送りも奨学金もなく自らも要求しなかったが、古本を多く利用した。途中でドロップアウトして帰国すれば、人に笑われると思い必死で頑張って努力した。学士から大学院（修士と博士課程）の15年間は勉学と貧困の時期だったが、多くの研究者が研究に苦しむように、その中から結果を出して行く経験を教えてもらった。本来の研究を現実社会と関連づけながら、先人の研究をも学び、自分なりに理論を積み上げてあらゆる努力をしなければ成果はもらえない事を、将来研究者を目指す若い人に伝えたい。私は次第に研究者の生き方が、だんだんと理解できるようになり、これからの研究生活が楽しいと感じることができた。

七　自然に国や町に社会奉仕をするようになる

世界の多くの若者はアメリカの国に憧れている。それは、米国の何に惹かれるのだろう。誰もがアメリカで成功するとは限らない。母国で精神的にしっかりと生きていけない者が、海外で成功するとは思えない。家庭の厳しい躾がされていなければ、海外へ行って苦しむ事になるだろう。教授の方々から、いろいろなアドバイスも貰い教員と人間関係を築くことは大変だが、結果的に多くの人々から信頼されて、支えがあった。米国では嘘を言わず、正直である事で信頼関係が育つ。米国で出会った人々に感謝し、それとともに社会の奉仕の気持ちがだんだんと生まれてきた。

八　真の意味の人権が自然に芽生える

飛行機に搭乗する時、飛行機会社のクルーから、健康に問題ある人がいるかどうか尋ねられた事がある。歩行が少し困難だと答えると、ビジネスクラス予備席を与えられた。自然に客を公平に扱うことに驚いた。社会貢献が自然にできるような教育がされている。

アメリカの子供たちは人権という根本的な考えもしっかりしている。留学経験の中で人権とはどんなものか日々学べる。日本で人権と大きな声で叫んでいるが、時々意味の捉え方が違う時があるようだ。

九　教育の意味を理解する

日本では学べない大切な何かをアメリカで学んだ。教育はその国の将来への投資だ。米国で見た教師達は基本的に学生に教育と指導をしている。学生と前向きに話をし、研究指導が熱心でもある。学生指導もエフォートとして教育50パーセントと研究50パーセントの業務があることも教師全体が認識をしていた。セクハラやパワハラもよく理解していた。どのように学生と向き合っているのか、どのようにお互いにメール返信をするのか、細かくルールが認識されていた。メールは個人的なものではなく、公式文だと意識していたので、学生から不満は出ない。教師が立派だと学生の研究意識も高まるのだ。教師から模範を見せることが教育だ。

十　貧乏生活に耐えられる

留学をして教育と学問に興味をもつことができた。黒人の学生や移民の学生たちが、大学で学んでいる姿を見て、教育は人間にとって生きるチャンスをもらえるのだと思った。競争をする意識も芽生えた。教育は国にとって一番の投資だと本気で思えた。学生にとって奨学金は命で、それが支給されると返済義務は当然と思う。しかし、日本の学生は、あまり投資だと思っていない学生もいるし、借りた育英資金も返さない人がいる。日本は豊かになりすぎ、授業料なしに教育を受ける事は当然と思っている。他人に頼らず、貧乏に耐えてこそ何かを得ることができるはずである。

十一　自分に起こる問題を自分で解決できるようになる

アメリカ人は一般的に個人的な感情を人間関係にあまり出さないようだ。アメリカ留学で学んだのは、お互いの甘えが基本的に存在しないことだ。自分が言ったこと、行動したこと、起こったことに、全て責任をもつ教育を家庭でもされている。

十二　人生の目標ができ、人生を肯定的に生きるようになる

日本に戻ると幸せを感じて、何にでも挑戦できる力が湧いた。留学を果たすと、毎日の生活の中で目標を立て、それに向けて実行できるようになった。自分に起こる問題も解決できることかどうかを認識し、できなければ角度を変えて解決できるよう努力した。問題を肯定的に捉えるようにしている。

個人的に自分の留学体験を評価してみたが、これはあくまで個人の評価であり、他の人の経験と違えばまた結果が違ってくるだろう。だが、若者に心から留学を勧めたい。これからは留学先として西欧も選択ができるが、東南アジアも大きく期待できる留学場所として勧めたい。あなたも留学で強くなれる。留学の力は大きい。国にとっても留学の力が必要だ。

参考文献

高山正之　週刊新潮　平成十一年八月七日号
財団法人自治体国際化協ＪＥＴプログラム
J. Braun 1999年インターカルチュア　コミュニケーション　英潮社
J. W. Dower War Without Mercy　Pathon Books
ＪＥＴ Program サイト
日本学生支援機構サイト

著者プロフィール

米国へ留学し学士、修士、Ph.D. を取得する。

2000年に帰国し、2016年まで日本の大学で教鞭をとる。

英語の第２言語習得教授法、多文化教育、日系移民の歴史と文学を研究課題とし、現在は地域で英語指導、留学予備教育に力をいれている。

「留学」の力

平成二十八年六月一日　第一刷発行

著者　スカリー悦子
発行者　石澤三郎
発行所　株式会社　栄光出版社
〒140-0002 東京都品川区東品川1の37の5
電話　03（3471）1235
FAX　03（3471）1237

検印省略

印刷・製本　モリモト印刷㈱

ISBN 978-4-7541-0150-3